In Erinnerung an meine

Urgroßeltern
Sophia Gerberich + Andreas Triebig
Marie Schmitt + Georg Wießner

und
Großeltern
Andreas Triebig + Marie Wießner

mütterlicherseits

aus
Üttingen

Glück im Unglück in Üttingen

Üttinger Dorfgeschichten 1880 bis 1930

von Ulrich Greiner-Bechert

Erlebnisse des Andreas Triebig,
seiner Vorfahren und Mitmenschen
im Dorf Üttingen bei Würzburg.

Erzählungen der Mathilde Greiner-Bechert,
Tochter des Andreas Triebig.
Aufgeschrieben von ihrem Sohn Ulrich,
Enkel des Andreas Triebig.

Bibliografische Information der Deutschen Nationalbibliothek
Die Deutsche Nationalbibliothek verzeichnet diese Publikation in der Deutschen Nationalbibliografie; detaillierte bibliografische Daten sind im Internet über http://dnb.d-nb.de abrufbar.

Impressum

Glück im Unglück in Üttingen
Üttinger Dorfgeschichten 1880 bis 1930

© Ulrich Greiner-Bechert, Mannheim 2009
Neuauflage 2018: Layout und Preis geändert
E-Mail: ugb@online.de

Herstellung und Verlag:
BoD - Books on Demand, Norderstedt

ISBN: 978 - 3752817539

„Das Einzige, das immer Bestand haben wird,
sind Äcker, die den Menschen ernähren können"

Zitat von Georg Wießner
geboren 1853, gestorben 1926

- - - * - - -

„Wenn Menschen dir Unrecht tun, dann wendet Gott
das irgendwann zum Guten für dich."

Zitat von Andreas Triebig
(auch Andres oder Andresle genannt)
geboren 1890, gestorben 1987

- - - * - - -

Ich wäre durchgebrannt.

Gedanke von Ulrich Greiner-Bechert,
nach dem Schreiben dieses Buches, 2009

Glück im Unglück in Üttingen

Inhalt

Prolog

Die im Folgenden niedergeschriebenen Geschichten aus dem Dorfleben von Üttingen bei Würzburg entstanden aus Erzählungen, die in irgendeiner Weise die Vorfahren, Bekannten und Verwandten des Andreas Triebig betreffen. In diesem Büchlein wird er meist Andresle oder Andres genannt, um ihn von seinem gleichnamigen Vater besser unterscheiden zu können.

Andreas Triebig war geboren worden am 17. Januar des Jahres 1890, wurde fast 100 Jahre alt und starb erst am 25. Juni 1987, also im greisen Alter von 97 Jahren.

Seine Erlebnisse und die seiner Eltern und Schwiegereltern, den Wießner's, wurden in den damaligen Zeiten, als es noch keine Unterhaltungselektronik wie Radio oder TV gab, in der guten Stube bei Familienabenden, in der Küche bei der Hausarbeit, auf dem Acker bei der Feldarbeit, oder als Dorfklatsch in der Gastwirtschaft erzählt.

Eine der Töchter von Andreas Triebig ist die Mathilde, geboren 1929, die als Kind den Erzählungen über Ihre Großeltern stets gerne lauschte und die sie sich gut einprägen konnte. Denn die Vorkommnisse in den Geschichten ihrer Ahnen, sowohl väterlicherseits, als auch mütterlicherseits, bestimmten ihr größtes Schicksal, nämlich das ihrer eigenen Geburt.

7

Seien Sie gespannt, auf die Familiengeschichten aus Üttingen und erfahren Sie, welch Schicksalsschläge, Zufälle oder Gottesfügungen notwendig waren, damit Mathilde Triebig überhaupt geboren werden konnte.

Stellen Sie sich ein, auf lustige Anekdoten, süße Liebesgeschichten, herzzerreißende Tragödien und sogar Situationen, bei denen es um Leben oder Tod ging. Stellen Sie sich vor, dass Mathildes Leben schon lange vor ihrer Zeugung an einem seidenen Fanden zu hängen schien.

Wenn das, was in diesen Geschichten passierte, nur irgendwie ein bisschen anders geschehen wäre, dann wäre das Üttinger Mädchen Mathilde, Tochter des Andres Triebig, überhaupt nicht geboren worden.

Mathilde's Erinnerungen und ihren Erläuterungen verdanken wir die Überlieferung der Geschichten, die in diesem Büchlein zusammengefasst wurden.

Die Niederschrift dieser Erinnerungen stammt aus der Feder ihres Sohnes Ulrich, einem Enkel des Andres Triebig.

Acker zu Acker
Üttinger Sitten und Gebräuche

Die meisten Dorfbewohner Üttingens waren arm. Aber die Ahnen der Triebigs waren im Besitz einiger Äcker und hatten auch Handwerke gelernt. Somit besaßen sie ein bisschen mehr, als die anderen am Ort. Dieses kleine Vermögen musste man sichern.

Die gesellschaftlichen Regeln, nach denen die Familie lebte und fortbestand, klingen heute mittelalterlich. Die Sitten herrschten jedoch nicht nur in der Üttinger Gegend, sondern auch in ganz Deutschland und dem Rest der Welt. Selbst zu Anfang des 20. Jahrhunderts galt noch immer das uralte ungeschriebene Gesetz, dass erst dann geheiratet werden durfte, wenn von beiden Seiten so viele Äcker in eine Ehe eingebracht werden konnten, dass die Ernährung einer Familie sichergestellt war.

Die Brautschau verlief also gleichzeitig mit der Frage: Wie hoch wird die Mitgift sein, die die Braut im Falle einer Hochzeit erhält? Wobei sich die Frage nicht nur der Bräutigam zu stellen hatte, sondern de facto von der ganzen Familie gestellt wurde.

In Konsequenz dieser Regelung konnte ein Knecht eben nur eine Magd ehelichen und auch deren Kinder hätten wieder nur die Möglichkeit gehabt, einen Partner ihres Standes gemäß zu heiraten.

Die Devise hieß Acker zu Acker, Geld zu Geld.

Jeder Partner musste seitens seines Familienhintergrundes dem anderen gegenüber gleichwertig sein und außerdem selbstverständlich der gleichen Konfession angehören. Üttingen war um 1900 rein evangelisch.

Innerhalb dieser starren gesellschaftlichen Regeln war es den Männern eigentlich immer gelungen, die „richtige" Frau zu finden. Meist auch eine, die sie nicht nur wegen ihrer Herkunft heiraten durften, sondern die sie auch liebten. Immer? Fast immer. Wer sich unstandesgemäß verliebte, bekam dies unmissverständlich zu spüren und einer wurde sogar von der Familie gedrängelt, nach USA auszuwandern.

Seine Geschichte ist ein Extrem, aber an diesem Beispiel wird deutlich, welche Erwartungen die damalige Gesellschaft an Familienmitglieder stellte und wie wichtig die Einhaltung der ungeschriebenen Regeln waren.
Beginnen wir daher dieses Buch mit der Geschichte vom „Onkel und dem Peter'skäthchen"

Die Tragödie vom Onkel
und dem Peter'skäthchen

Da war ein Pechvogel unter den Triebigs, der hatte sich in ein Mädchen verliebt, das ihm seine Sippe nicht gönnte, da sie in deren Augen nicht die Voraussetzungen erfüllte, um in die Familie einheiraten zu können. Dieser eine war ein Bruder von Andreas Wilhelm Triebig, dem Vaters von Andreas Triebig, der auch als Andresle (kleiner Andreas) bekannt war. Der Name dieses Onkels vom Andresle ist leider in Vergessenheit geraten, so dass er im Folgenden nur als „Onkel" bezeichnet wird.

Der besagte Onkel verliebte sich zu seinem Pech in ein Mädchen, die am Ort nur das „Peter'skäthchen" genannt wurde. Das Peter'skäthchen hatte, aus was für Gründen auch immer, keine Verwandtschaft am Ort und lebte alleine, im Obergeschoss eines gemütlichen Hauses, das gewärmt wurde von ein paar Ziegen, die im Erdgeschoss hausten. Sie besaß nur das kleine Häuschen, die Ziegen und einen viel zu kleinen Acker, der nicht genug abwarf, als dass er eine Familie hätte ernähren können.

In den Augen der Gesellschaft war sie sehr arm, denn sie musste sich, wie man heute sagen würde, mit Gelegenheitsjobs über Wasser halten.

Zur damaligen Zeit wurden Leute, die auf diese Art arbeiteten, als „Tagelöhner" bezeichnet. Allein diese Bezeichnung und die Umstände, dass sie keine familiären Wurzeln am Ort hatte, reichten aus, der gesamten Gesellschaft den Eindruck zu vermitteln, dass das Peter'skäthchen keine gute Partie war.

Der Onkel aber hatte sich in diese Tagelöhnerin verliebt und das sollte sein Schicksal werden. Das Peter'skäthchen wurde nämlich schwanger und gebar einen Sohn, den Petershans, obwohl der Onkel und das Peter'skäthchen gar nicht verheiratet waren.

Ein unehelicher Nachfahre, gezeugt mit einer Tagelöhnerin, war natürlich eine Schande für die Familie von Andreas Wilhelm Triebig, insbesondere für die Schwägerinnen des Onkels, also den standesgemäß verheirateten Ehefrauen der Brüder vom Onkel.

Sofia Elisabeth Gerberich war eine davon. Sie ist die Ehefrau vom Andreas Wilhelm, die Mutter von Andresle Triebig, und die Großmutter dessen Kinder. Sie war besonders böse über den Vorfall in der Familie. Zusammen mit den anderen ehrenwerten Frauen hetzte sie die Brüder gegen den eigenen Bruder auf.

Schließlich waren alle, wie man es üblicherweise in Königshäusern formulieren würde,

„nicht sehr erfreut", dass der Onkel eine unstandesgemäße Tagelöhnerin geschwängert hatte.

Während der Familienkrise bezeichneten zwei Neffen vom Onkel das Peter'skäthchen sogar als Hure und erzählten herum, das Baby Petershänschen wäre gar nicht das Kind vom Onkel.

Es wurde das Gerücht gestreut, ein Mann aus dem Nachbarort Helmstadt sei der Vater. Das Ziel, das der Familienclan verfolgte, war klar: Der Onkel sollte das Peter'skäthchen auf keinen Fall heiraten dürfen damit auch keine Familien-Äcker in eine solche Ehe eingebracht werden mussten.

Das Peter'skäthchen ging deshalb vor Gericht, gab dort den Onkel als Vater an, aber sie bekam kein Recht gesprochen. Der Onkel behauptete er sei nicht der Vater des Kindes und es stand Aussage gegen Aussage. Leider sind keine Einzelheiten der Verhandlung bekannt, aber es ist anzunehmen, dass das arme Peter'skäthchen von irgendwelchen Zeugen wahrscheinlich als mannstoll dahingestellt worden war und bestimmt hat irgendjemand ausgesagt, dass im Häuschen mit dem Ziegenstall auch andere Männer aus dem Nachbarort ein und ausgegangen wären. Das sind allerdings nur Vermutungen. Einen Gentest gab es damals noch nicht und das damalige Gericht stellte zum Schluss einfach nur fest, dass der Vater nicht ermittelbar sei.

Obwohl damit der Onkel quasi von allen Unterhaltsverpflichtungen freigesprochen war, und auch das Petershänschen keinen Erbanspruch hatte, hatte der Skandal am Ort und in der Familie Triebig natürlich seinen Höhepunkt erreicht.

Es wurde ein Familienrat einberufen, der über das Schicksal des Onkels zu entscheiden hatte. Dieser hatte zu viel Schande über die Familie gebracht. Deshalb wurde von der Verwandtschaft beschlossen, dass der Onkel nach Amerika auswandern muss. So gezwungen, verstoßen von den eigenen Brüdern und deren Familien, wanderte der Onkel tatsächlich nach Amerika aus. Das Vermögen der Familie Triebig war gerettet, die Äcker blieben der Familie erhalten, seinen Vermögensanteil erhielt der Onkel in bar

Obwohl ungelernt und der englischen Sprache nicht mächtig, fand der Onkel in Amerika sofort einen Job als Fremdarbeiter beim Gleisbau für die Eisenbahn, denn die war damals eines der vielen neuen Technologiewunder, das die Wirtschaft vorantrieb.
Als einfacher Gleisbauarbeiter blieb der Onkel jedoch unverheiratet und ohne Kinder. Als er starb, wurden aus USA achtunddreißig Dollar nach Üttingen überwiesen, das war zum Schluss wohl sein ganzes Vermögen, das zum Vererben übrig war.

Das arme Peter'skäthchen fand aber später doch noch ihr Glück. Ein ackerloser, aber guter Mann namens Wiesinger heiratete die alleinstehende Mutter, zeugte noch zwei eheliche Kinder mit ihr und konnte auch alle ernähren. Vier weitere Generationen und über 100 Jahre später, schloss sich übrigens der Kreis und ein männlicher Nachkömmling des Peter'skäthchen, also ein Mann namens Wiesinger, heiratete eine Enkelin der Erika Triebig, welche auch eine Enkelin der damals so erbosten Sofia Triebig, geborene Gerberich war.

Der Petershans, der eigentlich ein Triebig'shans wäre, wenn der Onkel das Peter'skäthchen hätte heiraten dürfen, bekam später von seiner Mutter das kleine gemütliche Häuschen vererbt und wurde der Dorfdiener von Üttingen: Er lief mit der Glocke durch den Ort und rief die amtlichen Bekanntmachungen aus. Oft gab er dabei auch einen Spaß zum Besten und man hörte ihm gerne zu.

Mittelalterliche raue Sitten und Methoden, grausam aber wahr und leider kein Einzelfall.

Wie wir später, beim Lesen der weiteren Lebens- und Liebesgeschichten noch feststellen werden, waren es harte Zeiten und das Überleben stand im Vordergrund.

Das tapfere Schneiderlein Triebig

Ein Fall, in dem es um die Sicherung von Familienvermögen ging, hatte sich ca. 400 Jahre davor zugetragen und war überhaupt der Grund für die Ansiedlung eines Triebigs in Üttingen.
Was war geschehen?

Es war einmal in der zweiten Hälfte des 16. Jahrhunderts, da befand eine Familie im Schwäbischen, dass nicht genügend Äcker im Vermögen der Familie wären, um sie gerecht und zu gleichen Teilen auf die Söhne verteilen zu können, damit auch jeder genügend haben werde, um wieder eine Familie ernähren zu können.

Das Los fiel auf einen Bruder, der von Beruf Schneidergeselle war und leider nicht das Glück gehabt hatte, der Erstgeborene gewesen zu sein. Dieser Schneider sollte keinen Acker von der Familie erben. Mit anderen Worten: Er bekam kein Land, sondern seinen Erbteil in Geld, damit das Grundstücksvermögen seiner verbliebenen Brüder groß genug bleibt.

So begab sich das tapfere Schneiderlein mit allem Hab und Gut auf die Wanderschaft, wie es zur damaligen Zeit auch gar nicht selten war. Seine Weggenossen waren andere Handwerker, aber auch Menschen, die ihre Heimat verlassen hatten, um der Ansteckung mit einer tödlichen

Krankheit wie Diphterie, Scharlach oder der Pest zu entkommen, wenn diese im Ort ausgebrochen war.

Irgendwie gelang es dem tapferen Schneiderlein sich in Remlingen sesshaft zu machen, einem Nachbarort von Üttingen. Der Schneider wurde glücklich, fand eine Frau, heiratete und zeugte Kinder.

So kam „neues Blut" in die Gegend und seine Kinder und Kindeskinder blieben hier und kamen auch irgendwann und irgendwie zu Äckern bzw. Vermögen.

Andreas und Sophia Triebig

Viele Generationen später heiratete ein Nachfahre des tapferen Schneiderleins dann eine reiche Frau aus Wertheim und siedelte um nach Üttingen, weil es dort keine Bäckerei gab, er aber das Geld besaß um hier eine zu gründen. Der neue Üttinger Bäcker zeugte insgesamt sechs Söhne, die alle in Üttingen geboren wurden. Einer der Söhne war Georg Triebig, er ward 1822 geboren, und weil er der Sohn aus dem Haus der Üttinger Bäckerei war, wurde er deshalb nur noch Beckenschorsch genannt.
Dieser Beckenschorsch namens Georg Triebig bekam 1858 einen Sohn, den nannte er Andreas Georg Wilhelm.

Andreas Georg Wilhelm Triebig hatte beim Militär ein Auge verloren und bezog eine Rente von monatlich 48 Reichsmark. Während der Sommermonate beackerten er und die Familie die Felder, ansonsten war er zeitweise auch als Bierbrauer in Würzburg, um noch etwas hinzuzuverdienen. Schließlich stellte seine Frau, die Sophia, geb. Gerberich hohe Ansprüche. Ja, er war verheiratet mit der Sofia Elisabeth, 1862 geboren als Gerberich.
  Das Ehepaar Sofia und Andreas Triebig hatte zunächst zwei Kinder, eines davon war ein kräftiges Bürschchen das nannten sie wiederum Andreas und sowohl der Vater, als auch der Sohn wurden „Beckenandres" gerufen.
Leider ist der letztgenannte, obwohl er ein kräftiger Bub war, in seinem sechsten Lebensjahr an

Diphterie gestorben, so wie sein Geschwister-chen und alle Kinder des Dorfes während dieser Epidemie.

Danach gebar die Sofia ihrem Beckenandres noch einmal drei Kinder, die zwei Töchter Lisett und Mathilde, sowie einen Sohn. Dieser Sohn wurde geboren am 17. Januar 1890 und er ist der Titelheld dieses Buches.

Unser Held Andreas Triebig jr. war allerdings nicht so kräftig wie sein verstorbener Bruder, und wuchs auch nicht so stattlich heran wie sein Vater und sein Großvater. Selbst als ausgewach-sener Mann maß er nur die Körpergröße von 162 cm.

Deshalb fügte man seinem Namen eine Verniedlichungsform hinzu und nannte ihn das „Andresle", bzw. Beckenandresle. Auch seine beiden jüngeren, hübschen Schwestern Lisette und Mathilde und das ganze Dorf nannten ihn so. Der Name blieb Zeit seines Lebens, auch nach-dem er geheiratet hatte und selbst Vater von vier Kindern war. Im Folgenden werden wir ihn meist **Andres** nennen.

Sophia Gerberich + Andreas Triebig
/
Lisette, Mathilde, Andres

Die Schwestern in Lauerstellung

Es folgt die Geschichte der Schwestern vom Andresle. Die eine hieß Lisette und die andere hieß Mathilde, genau wie die Erzählerin dieser Geschichten. Sie waren sehr schöne Mädchen, aber einen Beruf hatten sie nicht. Sie brauchten auch keinen zu lernen, denn so schön wie sie waren, war es ganz klar, dass sie bald einen Ehemann und Ernährer finden würden. Einen Bauern wollten sie aber nicht heiraten, denn die Vorstellung, als Bäuerin Felder beackern zu müssen, war ihnen scheinbar ein Gräuel.

Damit ihr Vater, im Falle ihrer Heirat am Ort, nicht alle seine Äcker als Mitgift für die Töchter verlieren würde, wurden die beiden jungen Damen nach Mannheim „in Stellung geschickt".

So bezeichnete man seinerzeit die Vorgehensweise, wenn man seiner Tochter eine Hauswirtschafterstelle oder sonst eine Dienstanstellung in einer Großstadt verschaffte, damit sie erst mal aus dem Ort ist und an ihrer neuen Stelle vielleicht von einem Städter geheiratet wird.
In einem solchen Fall hätte so eine Ehe auch einen weiteren Vorteil, nämlich diesen: Einem Bräutigam aus der Stadt musste der Vater keine Äcker als Mitgift zahlen, sondern „nur" Geld.

Bei Lisette ging die Rechnung zunächst auch auf, denn ein Werkmeister und Kranbauer, der viel auf Baustellen unterwegs war, verliebte sich in das Lisettchen und heiratete sie ohne irgendwelche Ansprüche auf Äcker zu stellen. Auch Mathilde heiratete einen Mannheimer, einen Lehrer. Hierzu später mehr.

Die Idee, Töchter in der Großstadt „in Stellung" zu schicken, schien also nicht schlecht zu sein und es ist überliefert, dass eines Abends ein anderer Vater vom Dorf den Andreas Wilhelm besuchte und sich genau erkundigte, wie hoch denn die Mitgift gewesen wäre, um die beiden Töchter in die Stadt zu verheiraten.
„Wie viel Geld habt ihr euren Töchtern denn mitgegeben?" hat er gefragt und nachdem er die Auskunft erhalten hatte: „Ah? Nur so wenig? Gut. So viel bringen wir zur Not für unsere Tochter auch auf. Dann kann unser Mädchen auch in der Stadt auf einen Werkmeister oder Lehrer warten. Sie ist zwar hässlich, aber jeder Topf findet einmal einen Deckel, also bestimmt auch sie." So oder ähnlich soll er gesagt haben, so ist es mündlich überliefert worden.

Wie soeben bereits verraten, hatte Lisettchens Schwester, die hübsche Mathilde, einen Lehrer geheiratet. Der hieß Stengel und war aus einer Familie, die in Mannheim Geld und Haus besaß. Irgendwann erzählte wohl die hübsche Mathilde ihrem Lehrergatten beim Kaffeekränzchen von den Äckern in Üttingen. Der Lehrer hörte aufmerksam zu und war intelligent.

Nachdem seine Mathilde ihm vom Familienvermögen erzählt hatte, reiste der tüchtige Lehrer zu jeder Ferienzeit nach Üttingen um dort den seiner Ehefrau zustehenden Ackerboden zu erstreiten. Es gelang ihm schließlich sogar seine Schwiegermutter, die Sofia, zu überzeugen, dass ihre Tochter Mathilde Geld bräuchte, um in weitere Häuser in Mannheim investieren zu können.

Das Resultat war, dass letztlich zwei Drittel der Äcker an den Meistbietenden versteigert wurden. Viel später, nach Sofia's Tod, in 1929, musste auch das Herrschaftshaus von Andreas und seiner Frau Sofia verkauft werden, um jeder Tochter den gerechten Erbanteil auszahlen zu können.

Wie mit dem Anteil des Andresle verfahren wurde, dies wird später in diesem Buch erzählt.

Geld zu Geld

Häuser, Darlehen und Töchter

Dorfpolitik und Familiensitten aus den letzten Jahrhunderten bestimmten also nicht nur, wer wen warum heiraten sollte, sondern auch die Vermögensverteilung, also das Geschäftsleben. Wenn Bauer A seine Tochter an den Sohn des Bauer B verheiratete, dann war das quasi eine Fusion von Landwirtschaftsunternehmen. Wie eng das Geschäftsleben und die Verheiratungen miteinander verwoben waren, belegen auch die folgenden wahren Begebenheiten.

Verkauf des Hauses in der Pfarrgasse

Ein Herr Roder wollte das große Fachwerkhaus in der Pfarrgasse 26 mit Hof, Stall und Scheune für 4.500 (i.W. viertausendfünfhundert) Mark kaufen. Das war vor der großen Wirtschaftskrise im Herbst des Jahres 1929. Um den Betrag zahlen zu können, wollte er sich 4000 Mark bei der Sparkasse Üttingen leihen. Herr Roder hatte oft bei Graf Wolffskeel von Reichenberg gearbeitet und war bei diesem als fleißiger Mann geachtet. Damit Herr Roder auch wirklich das Darlehen bekäme, wollte der Graf sogar als Bürge einstehen.

Im Dorf aber gab es den neidischen Beckenmichels Schorsch, der wollte dem Beckenandres nicht so viel Geld gönnen und lästerte, das Anwesen sei nur 3.500 Mark wert.

23

Er betrieb entsprechende Dorfpolitik und als dann die Darlehensvergabe in einer Sparkassensitzung besprochen wurde, wurde Verwirrung gestiftet und wie folgt argumentiert: „Der Graf kann leider nicht Bürge sein, denn das Gut fällt beim Platzen des Kredits in die Grafschaft und nicht in den persönlichen Besitz des Grafen selbst."

Das Darlehen wurde zum Schluss der Sitzung nicht vergeben. Da beschlossen der Herr Roder und der Graf, eine andere Bank zu fragen. Sie fuhren in eine größere Stadt, um dort das Darlehen zu beantragen. In Marktheidenfeld am Main lachten die Banker über die Üttinger Dorfpolitik und gewährten das Darlehen.

Die Säge für das Sägewerk

Ein Mann namens Adam hatte außer Äckern eine Mühle und ein Sägewerk am Rande Üttingens. Er wollte modernisieren und in eine neue, moderne Säge investieren. Dazu brauchte er 2000 Mark. Die Üttinger Sparkassensitzung tagte in bewährter Form und am Ende der Sitzung wurde beschlossen: Wenn Adam die Wagner's Tochter Sofie heiratet, dann kriegt er auch den Kredit, sonst nicht. Der Adam wollte aber die Wießner's Babett heiraten und nicht die Wagner's Sofie. Weil er aber dennoch einen Kredit brauchte, ging er schließlich zu einem anderen Darlehensgeber. Dies war ein reicher Mann namens Horn aus dem Nachbardorf Roßbrunn, der lieh ihm das Geld. Mehr von Adam erfahren wir übrigens später in diesem Buch.

Nach der großen Wirtschaftskrise, die Ende 1929 begann, änderte sich vieles in der Wirtschaft, aber wie man sieht, konnten die Üttinger Banken ihre altmodischen Sitten bei Darlehensvergaben sowieso kaum durchsetzen.

Eines war den Menschen in der damaligen Zeit stets bewusst: Das Wertvollste waren die Äcker. Die Grundstücke waren eine Garantie, dass die Familie sich immer selbst Nahrung anbauen konnte. Diese Weisheit sollte sich auch später, im zweiten Weltkrieg und der danach folgenden Währungsreform bewahrheiten. Aber das war in ferner Zukunft und um 1900 ahnte noch niemand, was noch kommen würde.

Wenn man nun bedenkt, dass es 1866 und just danach 1870/71 und auch vorher, immer wieder Kriege, unheilbare Krankheiten und Hungersnöte gegeben hatte, dann wird dem Leser dieser Zeilen vielleicht bewusst, warum unsere Eltern, Ureltern und Ahnen stets unter anderen Aspekten heirateten als die Menschen heute.

Vielleicht hielten diese Ehen auch besser, weil sie meist aus Vernunft geschlossen, und aus ebensolcher Vernunft nicht geschieden wurden?

Auch die folgenden Geschichten bauen auf den bisher gezeigten Mustern der Lebens- bzw. Familien-Führung auf und zeigen, dass sie archetypischer weise dem Überleben dienten.

Das Andresle

Gerade haben wir erfahren, wie die Schwestern vom Andresle unter die Haube kamen und wir könnten jetzt erzählen, wie unser Held letztendlich die Mutter unserer Erzählerin, eroberte.

Aber informieren wir uns doch erst einmal, was das Andresle denn für ein Kerlchen war, was er sonst noch so erlebte, und was seinen Charakter derart prägte, dass er seinen Kindern später folgendes lehrte:

„Wenn Menschen dir Unrecht tun, dann wendet Gott das irgendwann zum Guten für dich."

Das Andresle, war 1890 geboren worden und ein gewitzter kleiner Kerl, der auf der Schule gut und schnell lernte. Er konnte gestochen schön schreiben und durfte ein Jahr lang die Landwirtschaftsschule in Würzburg besuchen. Damit hatte er den anderen Dorfbauern einiges voraus.

Schon als Jugendlicher hielt er sich ein Pferd. Man muss bedenken, dass das Auto damals zwar schon erfunden war, aber eigentlich besaß niemand eines. Die meisten Leute hatten noch nie eines gesehen, nicht einmal im Fernsehen, denn das war ja noch nicht erfunden worden.

Ein Pferd zu besitzen, das war zu der damaligen Zeit normal, aber gerade für einen jungen Mann war es auch Luxus. Vergleichbar, als würde heutzutage ein 20jähriger schon ein teures Auto fahren.

Das Andresle hatte eines, er konnte es unterhalten und er gewann auch 1913 bei einem Wettrennen den Pokal, einen Zinnkrug.

Tja, das Andresle war eben ein Rennfahrer, aber mit Pferd, und er gab Vollgas.

Andres, Rosa und der Lebensmittelladen

Wir blenden zurück, in die Zeit um 1910. Andres' Mutter Sofie Triebig und seine Schwestern Mathilde und Lisette pflegten und versorgten, als er älter wurde, einen Onkel vom Andres, den alleinstehenden Inhaber des Lebensmittelladens in der Dorfmitte. Zum Dank dafür sollte Andres das Geschäft erben.

Ein Lebensmittelladen, das war eine sichere Einnahmequelle. Inhaber des Lebensmittelladens von Üttingen zu sein, das bedeutete viel Ehre und Ansehen am Ort. Weil jeder wusste, dass Andresle den Laden erben sollte, war der Andres Triebig, der außerdem ja auch noch Äcker erben würde, natürlich eine gute Partie für jede Frau und er hätte sich jedes Mädchen aus dem Frankenland aussuchen können und jeder Schwiegervater in Spe hätte der Ehe seiner Tochter mit dem Andresle zugestimmt.

Unter diesen Vorzeichen gewann der kleine Andres dann auch die Liebe von Rosa Zimmermann. Die war ein bildschönes, groß gewachsenes Mädel mit einer tollen Figur, blauen Augen und langem, gelocktem, kräftigem, blonden Haar. Sie war die Tochter eines Bauern aus Ungershausen. Wie alle zu dieser Zeit achtete niemand darauf, ob der Bräutigam schön groß und attraktiv war. Viel wichtiger war, ob der Mann seiner Frau auch eine sorgenfreie Zukunft bieten konnte. Ein Ehemann musste Versorger einer Familie sein können. Wenn er zusätzlich noch ein hohes Ansehen in der Gesellschaft hatte, dann war er besonders attraktiv. Das Aussehen spielte eine Nebensache. So gesehen hatte das kleine Andresle also Glück.

Andresle und die Rosa waren also verlobt und jeder wusste, dass die beiden einmal heiraten und den Lebensmittelladen besitzen würden. Das Hochzeitsglück lag zum Greifen nah, als der Erbonkel plötzlich infolge eines Treppensturzes früher verstarb, als man es erwartet hätte.
Bei der Testamentseröffnung stellte sich dann heraus, dass zwei Vettern vom Andresle hinter dem Rücken vom Andresle, und ohne dass es von den anderen Dorfbewohnern bemerkt worden war, mit dem Onkel zum Notar gegangen waren. Dort hatte der Onkel diesen beiden Erbschleichern den Lebensmittelladen zugeschrieben.

Als das Testament verlesen wurde, fielen natürlich alle aus den Wolken, insbesondere fiel die schöne Rosa aus ihrem rosaroten Himmel. Ohne einen Lebensmittelladen wäre sie ja nur eine Bauersfrau.
Die Aussicht, ihre Zukunft zusammen mit Andresle auf einem Acker oder in Schweineställen zu verbringen gefielen ihr aber so wenig, dass ihre Liebe sofort dahinschmolz und sie die Verlobung wieder löste.
Da ging sie doch lieber ins Kloster, statt auf einen Acker. Das machte sie dann auch, und Rosa wurde Diakonisse.

Das alles geschah vor dem ersten Weltkrieg, da war der Andres Triebig etwas über 20 Jahre alt.

Er war natürlich richtig sauer auf seine Vettern und zwar ziemlich lange. Auch später, als Andres schon längst mit einer anderen Frau verheiratet war, war er noch so gekränkt, dass er seinen Kindern einschärfte, diese zwei „Herren" auf keinen Fall zu grüßen.

Damit das hier richtig verstanden wird: Der Andreas Triebig erzog seine Kinder zu anständigen, höflichen Menschen und lehrte sie, alle, wirklich alle Leute im Dorf höflich zu grüßen, mit der einzigen Ausnahme, eben diese beiden Vettern. Nur diese durften nicht gegrüßt werden. Brav wie sie erzogen waren, machten das die Kinder vom Andres dann auch, und immer, wenn sie diese beiden auf der Straße trafen, schauten sie sie grußlos an und starrten ihnen wortlos ins Gesicht und zwar genau zwischen die Augen und zwar so intensiv, dass die Herren dem Blick nicht standhalten konnten und mit niedergeschlagenen Augen ihre Köpfe senkten.

Diese schweigenden Anfeindungen, die seit damals angedauert hatten, lösten sich übrigens erst lange nach dem zweiten Weltkrieg, nach der Währungsreform 1948. Da kamen sie als Kunden zum Andres und plauderten, als ob nie etwas geschehen wäre. Auch kamen sie auf Beerdigungen der Familie Triebig, wünschten Beileid und reichten die Hand. So war schweigend alles verziehen.

Jetzt sind wir aber ganz weit abgeschweift und müssen wieder zurück zum Thema. Wie unsere sich liebenden Ahnen zur damaligen Zeit zueinander fanden und ob sie heirateten oder eben nicht heiraten durften. Wie erging es in dieser Hinsicht unserem Andresle?

Soeben haben wir erfahren, wie er um einen Lebensmittelladen und um eine schöne Frau betrogen wurde. Aber der Andres glaubte fest daran, dass egal, wie viel Unrecht er auch ertragen musste, Gott alles irgendwann zum Guten für ihn lenken würde.

Im Folgenden also noch weitere Geschichten aus seinem Leben, die zum Schmunzeln und zum Nachdenken anregen mögen.

Der Maskenball

In der Clique, also in der Dorfjugend, war Andresle genauso beliebt wie bei den Älteren, denn er arbeitet aktiv am Dorfleben mit und konnte die Traditionen aufrecht halten, obwohl er fortschrittlich dachte und deshalb auch manchmal aneckte, wie wir gleich erfahren.

Die Familie Wießner hatte in Üttingen die große Gastwirtschaft und im ersten Stock, darüber, einen Tanzsaal. Heute würde das wohl eine Discothek sein. Die Gaststätte war führend in der damaligen Erlebnisgastronomie und war auch zentral in der Dorfmitte.
Beim „Wießner" lernte man sich beim Tanzen kennen, hier hielten die Alten ihre Stammtische ab, hier wurde der Dorfklatsch verbreitet und wenn alles richtig eingefädelt war, dann wurde hier auch die Hochzeit gefeiert und am Ende des Lebens trafen sich hier die Hinterbliebenen um den Verschiedenen zu betrauern.

Eines Tages, so in der Fasnachtszeit, ca. im Jahre 1910, da hatten ein paar honorige Herren des Dorfes die geniale Idee, hier im Tanzsaal einen schönen großen Maskenball abzuhalten, aber nur für die Reichen und die Schönen.
Nur geladene Gäste durften Einlass erhalten, darunter hohe Herren der Würzburger Regierung, der Graf, ein paar reiche Geschäftsinhaber, und die schönsten Mädchen des Dorfes, die man noch an den richtigen Mann und unter die Haube brin-

gen musste. Damit das ganze auch einen kulturellen Anstrich hatte, wurden auch der Bürgermeister und die armen, aber gebildeten Lehrer eingeladen.

Der Inhaber der Üttinger Gärtnerei gehörte auch zu den geladenen Gästen und er prahlte damit, dass er eben das nötige „Kleingeld" besäße, um bei der Party des Geldadels dabei sein zu dürfen. Das Andresle und seine Kumpels waren damals ca. 20 Jahre alt und auf die Wießners-Töchter scharf, und die waren auch auf dem Ball. Aber er und die restliche Dorfjugend waren nicht eingeladen. Die Jungs ärgerten sich ziemlich darüber, dass ihre angebeteten Dorfschönheiten, darunter auch die vier Töchter vom Wießner, eingeladen waren, aber sie nicht. Sie stellten sich vor, wie die Mädels auf der Party während diesem Maskenball wohl von diesen Geldsäcken und alten Knackern umschwärmt würden. Das schrie nach Rache, obwohl nach der Party keine Verlobung verkündet wurde.

Der Vergeltungsschlag folgte denn auch bald nach diesem Maskenball, während des anstehenden Fasnachtsumzuges. Im Rahmen des traditionellen Umzuges hatte die gekränkte Dorfjugend einen Mottowagen aufgebaut, Thema: Pfandhaus. Das Andresle ritt mit seinem Pferd und einer Trompete vorweg. Dann stieß er in die Trompete, spielte einen Tusch und verlas ein Gedicht. Darin trug er mit lauter und klarer Stimme vor, dass Üttingen bekanntlich Klein-Paris wäre, als Konkurrenz zu Paris; und Klein-Paris würde jetzt regelmäßig Maskenbälle durchführen und

damit auch jeder Bürger „das nötige Kleingeld"
für die Teilnahme an einem Maskenball hätte,
hätte Klein-Paris auch ein Pfandhaus und jeder-
mann hätte die Möglichkeit, hier im Pfandhauswagen seine Habseligkeiten zu versetzen.

Auch Topfpflanzen würde das Pfandhaus annehm-
men, damit wirklich alle „das nötige Kleingeld"
für den Ball bekämen. Die Anspielung war klar
und alle im Dorf lachten darüber, nur einer nicht,
der Gärtner.

Kurz darauf erhielt das Andresle eine Vorladung
vor Gericht. Er hätte an Fasching öffentlich den
Gärtner beleidigt. Während der Gerichtsverhandlung schilderte Andres ausführlich, wie der
Pfandhauswagen aussah, zückte das Gedicht und
las es im Gerichtssaal laut vor.

Die Richter schmunzelten, ließen sich das Gedicht aushändigen und zogen sich zur Beratung
zurück. Als sie zurückkehrten, zitierten sie be-
stimmte Stellen und fragten schließlich:

„Lesen wir richtig, dass der Pfandhauswagen
gedacht war zum Ankauf von Dingen aller Bürger, die nicht auf dem Ball waren, damit sie sich
den Eintritt im nächsten Jahr leisten könnten?"

Andres bestätigte, „Ja, selbstverständlich."

Das Gericht antwortete nur: „Sie dürfen Ihr
Zeugengeld abholen, die Verhandlung ist been-
det".

Ein weiteres Nachspiel hatte die Verhandlung
nicht, es kam kein Brief mehr vom Gericht.

Aber es kam ein anderer Brief: Einberufung zum
Kriegsdienst.

Andres im 1. Weltkrieg

1914 begann der erste Krieg, in den so viele Länder verwickelt waren, dass man ihn als Weltkrieg bezeichnete. Weil später dann noch so ein großer Krieg ausbrach, nannte man den von 1914-1918: „erster Weltkrieg", und den von 1939-1945 nannte man: „zweiter Weltkrieg."

Andres Triebig hat beide Weltkriege erlebt. Im Ersten, da war er als Soldat an der Front. Im zweiten dann glücklicherweise nicht mehr, aber spurlos ging der Krieg an niemandem vorbei.

Einiges, von dem, was Andres als Soldat im Ersten Weltkrieg erlebte und sein Leben nachhaltig prägte, hat er später seinen Kindern erzählt und seine Tochter Mathilde hat es aufgeschrieben.

1914 erhielt Andres eine Einberufung, musste in den Krieg ziehen. In Frankreich, bei Chominez, bekam er einen Streifschuss ab, der traf ihn am Unterarm. Andres kam in ein französisches Lazarett, aber sein Regiment zog weiter. Nach dem er genesen war, musste er aber wieder an die Front. Zusammen mit anderen aus dem Lazarett entlassenen Kameraden sollten sie zu Fuß losmarschieren und wieder zu ihrem Regiment aufstoßen. Ein Gewaltmarsch, der nicht enden wollte. Erschwerend kam hinzu, dass der böse Feind die Brunnen verunreinigt hatte, damit die bösen Deutschen wegen den Bakterien im Trinkwasser verrecken sollten. Die marschierenden Soldaten waren fast am Verdursten und tranken das mit den biologischen Kampfmitteln verseuchte Wasser und viele erkrankten an Typhus. Auch das

Andresle erkrankte daran. An Weitermarschieren war nicht mehr zu denken. Also kam er wieder ins Lazarett.

Normalerweise stirbt man an Typhus, und zwar wegen zu hohem Fieber. Aber immer, wenn das Fieber schon so hoch war, dass der ganze Körper zitterte und von Schweiß bedeckt war, dann steckten Kameraden die Kranken in eine Wanne mit kaltem Wasser und trieben so die Körpertemperatur wieder nach unten. Manche starben trotz dieser Behandlungsmethode an der Krankheit, aber das Andresle hat Gott sei Dank tatsächlich überlebt.

Aber er war noch viel zu schwach, um wieder in den Kampf ziehen zu können. Zur „Erholung" wurde der Andres dank seiner Herkunft und Ausbildung in einer französischen, von Deutschland annektierten, Landwirtschaft untergebracht und musste dort dem Deutschen Volk als Landwirt statt als Soldat dienen. Aha, sagt sich der Leser von heute, es gab also schon damals alternativen Wehrdienst, also so etwas wie den heutigen Zivildienst. Damals war es aber ein Kriegsdienst.

Auf den französischen Äckern, die das Kaiserreich erobert hatte, waren auch Zwangsarbeiterinnen beschäftigt. Das waren Frauen, die von der Sittenpolizei aufgegriffen worden waren und nun statt im Gefängnis, auf den Äckern arbeiten mussten. Andres musste diese Arbeiterinnen bewachen und mit ihnen die Felder bearbeiten.

Für diese Frauen war Andreas der einzige Mann, der einzige Ansprechpartner und gleichzeitig ihr Bewacher. Ihm erzählten sie, wie sie aus Not zu Prostituierten geworden waren und dass sie doch eigentlich unschuldig wären, oder, dass sie unschuldig waren, weil sie gar keine Prostituierte waren, aber nur als eine solche verhaftet und verurteilt worden waren.

Wie dem auch sei, Andres hörte ihnen zu, lernte dabei die Französische Sprache und versuchte ihnen mit Ratschlägen und Trost zu helfen, wie es unter diesen Umständen eben nur möglich war.

Immerhin gelang es ihm, dass die Frauen dank seiner fachmännischen Kenntnisse als Landwirt effektiv arbeiteten. Weil er auch menschlich gut mit ihnen umgehen konnte, arbeiteten sie auch ohne zu murren und ohne Aufstand zu machen. Als Resultat brachte die Landarbeit gute Früchte ein, und die Vorgesetzten von Andres verlängerten seinen Genesungsurlaub, damit er und die Frauen die Felder weiter beackern konnten.

Sein Regiment, das weit weg war, hatte ihn scheinbar auch vergessen, und so konnte er eine lange Zeit fern der Front auf den Feldern zusammen mit Frauen arbeiten, statt in Krieg und Kampf zu sein. Die vorteilhafte Situation war dem Andres sehr wohl bewusst und daher verzichtete er auch, den ihm zustehenden Heimaturlaub zu beantragen, damit nicht irgend jemandem in einem Militärbüro auffiele, wie lange seine Krankheit schon vorüber war und damit sie nicht bemerkten, dass er eigentlich an die Front müsste. Aber immerzu konnte das ja nicht gut gehen, wie jeder Landwirt weiß, denn eine alte Bauernweisheit sagt „immerzu ist keine Ackerlänge".

Obwohl sich Andres und die Frauen ruhig verhielten, um bei den Bürokraten nicht aufzufallen, wurden sie dann doch Opfer des Bürokratismus. Ein neuer Vorgesetzter wurde eingesetzt und bei Durchsicht der Akten stellte dieser fest, dass Andreas eigentlich längst wieder im Krieg sein müsste. Also wurde er wieder wie ein Soldat eingesetzt.

Zurück an der Front wurde Andres zusammen mit einem Kameraden als Späher vorausgeschickt, um zu erkunden, wo der Feind steht. Es war in einer Gegend, da hatten die Deutschen bereits mehrere französische Dörfer niedergebrannt und die Franzosen waren sehr erbittert und ein gefährlicher Feind.

Es war bei St. Ventin an der Somme, als plötzlich, im Morgengrauen, auf die beiden deutschen Späher geschossen wurde. Schnell suchten sie Schutz in einer Hausruine. Aber die Übermacht der Franzosen war so groß, dass sie keine Chance in ihrem Versteck gehabt hätten. Also beschlossen sie, sich zu ergeben und dass sie beide gleichzeitig, mit erhobenen Händen, ohne Waffen aber mit einem weißen Taschentuch wedelnd, aus ihrem Versteck springen wollten. Das taten sie dann auch.

Dabei erschraken sich aber die Franzosen und feuerten vor Schreck ihre Gewehrsalven auf die plötzlich vor ihnen stehende große Gefahr, und die vermuteten sie nicht in dem nur 162 cm kleinen Andresle, sondern in seinem Kamerad, der im Kugelhagel des Feindes direkt neben ihm starb. Da stand er nun neben seinem toten Freund, die Arme nach oben und umzingelt von Franzosen, die ihm die auf die Gewehrläufe montierten Bajonette entgegenstreckten. Hätte er sich einen Mucks bewegt, so wäre er aufgeschlitzt worden. Hinzu kam, dass die Deutschen hier in der Gegend besonders verhasst waren.

„Vous etes de Elsass?" fragten sie ihn auf Französisch und wenn er nicht von den Frauen auf dem Acker Französisch gelernt hätte, dann hätte er die Frage wohl gar nicht verstanden. So log er, und antwortete auf Französisch ja, er wäre Elsässer. Das hat ihm das Leben gerettet, denn als Deutscher wäre er erschossen worden. Für die Franzosen nämlich war das im Krieg 1870 an Deutschland verloren gegangene Elsass noch immer Französisch und deshalb waren Deutsche von dort, also Elsässer, eigentlich Franzosen und daher anders zu behandeln als die verhassten Deutschen.

Jetzt war Andres ein Kriegsgefangener und somit quasi ein Arbeitssklave. Irgendwie wurde er als Landarbeiter an die Engländer verschoben, wo er mit anderen Gefangenen auf den Feldern arbeiten musste. Täglich marschierten sie vom Gefangenenlager zu den Äckern und mussten einem Englischen Bauern als Erntehelfer dienen. Manchmal wollte ihnen der Bauer etwas Gutes tun und ihnen eine Zigarette anbieten. Doch jedes Mal dankten sie ihm und baten stattdessen um Brot, weil sie im Gefangenenlager so wenig zu essen bekamen.

Damit hatte der Bauer gar nicht gerechnet und musste zusehen, wie seine Leiharbeiter während der Arbeit den rohen, ungemahlenen Hafer kauten, der eigentlich als Pferdefutter gedacht war. Der Hafer aber war, wie heute jedes Kind weiß, gesund wie Haferflocken, und er gab ihnen Kraft und sättigte sie.

Der Bauer war ein guter Kerl und weil er es nicht ertragen konnte, mit anzusehen, dass seine Arbeiter den rohen Hafer aßen, hatte er schließlich Erbarmen und brachte Brot für „seine" Gefangenen.

So ging es Tag ein, Tag aus und schließlich wählte der Bauer fünf seiner besten Arbeiter aus, die mussten nach der Arbeit nicht zurück ins Gefangenenlager, sondern durften zu ihm auf den Gutshof ziehen. Da gab es genug zu Essen und die Mägde auf dem Hof brachten den Männern nachts heimlich Tee und lehrten sie Englisch sprechen.

Erst ein Jahr nach Kriegsende, am 9. November 1919, kam Andreas Triebig, das Andresle, heil aus dem Krieg, zurück nach Hause. Inzwischen hatte er Französisch und Englisch sprechen gelernt.

Wieder daheim, in Üttingen, fand er die alten Strukturen unverändert vor, es galten die gleichen Regeln und es war so ziemlich alles wie bisher. Also nahm er wieder seine Arbeit auf und hielt Brautschau.

Bevor wir jedoch näher darauf eingehen, sei hier an dieser Stelle nochmals ein Rückblick in die Jahre um 1880 gestattet, eine Generation vorher.

Die Gold-Marie

Die Mutter unserer Erzählerin Mathilde hieß Marie und die Mutter dieser hieß ebenso. Das war die Marie Schmitt aus Wenkheim, Kreis Tauberbischofsheim und die war eine reiche Müllerstochter. Sie gebar neun Kinder. Eine ihrer Töchter hieß Marie, und die heiratete den Andres Triebig.

Nein, so einfach und schnell wollen wir das aber nicht abhaken.

Schauen wir uns noch einmal die Vorfahren unserer Erzählerin genauer an, nun die Ahnen mütterlicherseits. Auch hier gab es Vorkommnisse, bei denen es um Geld und Tragödien, aber nicht zuletzt auch um Liebe, Triebe, Leid und Hochzeiten ging.

Daraus wurden Geschichten, die noch Jahre später von den Frauen bei der Hausarbeit oder von den Männern am Stammtisch erzählt wurden.

Das Waldfest auf dem Kirchberg

Das größte Volksfest Deutschlands ist wohl das traditionelle Oktoberfest in München. Dieses ist von der Popularität gefolgt vom Stuttgarter Waasn, dem Bad Dürkheimer Wurstmarkt und natürlich vom Üttinger Waldfest.

Dieses beliebteste Dorffest der Gegend findet einmal jährlich auf dem Kirchberg statt. Alt und Jung aus Nah und Fern ziehen den Berg hinauf, auf dass das Waldfest gefeiert wird.

Hier werden seit Jahrhunderten Bierzelte aufgebaut, Stelzen- und Eierlaufwettbewerbe veranstaltet, es gibt Sackhüpfen für die Kinder und Tanz mit Kapelle für die Jugend und die Erwachsenen.

Gerade auf die Jugend wirkt dieses Volksfest wie ein Magnet. Früher noch mehr als heute, war es die beste Gelegenheit, vom Alkohol ein wenig enthemmt, ein Mädel zum Tanze aufzufordern und sich an sie heranzumachen. Auch den jungen Damen gefiel es, wenn sie den Hof gemacht bekamen und die betrunkenen Kerle sich manchmal um sie schlugen, falls der Alkohol die Gemüter etwas zu sehr erhitzt hatte.

Wie die Gold-Marie zur Wießnerin wurde

Das Waldfest war also die angesagteste Party des Jahres und demnach Pflichtveranstaltung für alle Singles der Gegend.

Also besuchte auch die schöne Müllerstochter Marie Schmitt aus Wenkheim in den 1880ern des Vorletzten Jahrhunderts dieses Fest der Feste.

Ebenso war der Sohn des Metzgers und Bürgermeisters aus Dietenhan auf dem Waldfest. Der hieß Georg Wießner und war in Begleitung seines Schwagers mit Nachnamen Klein zum Waldfest gekommen. Der Klein hat dem Georg Wießner dann gesteckt, dass die Hübsche am Nachbartisch eine gute Partie wäre und dass sie mit Spitznamen, hinter vorgehaltener Hand, sogar Goldmarie genannt würde.

Irgendwie hat der besagte Klein dann die Marie angesprochen, zu sich und dem Georg Wießner an den Tisch geholt und sie haben die Goldmarie ein bisschen betrunken gemacht. Im angesäuselten Zustand, der auf einem Waldfest irgendwann garantiert eintritt, haben der Georg und die Marie dann miteinander getanzt und schließlich sogar geschmust, was auf einem Fest normalerweise auch gerne passiert.

Dermaßen vom Schwager Klein auf dem Waldfest verkuppelt, verliebten sich der Wießnergeorg und die Schmittmarie, und weil beide aus einem guten, reichen Elternhaus waren, deshalb durften sie dann auch heiraten. Man erinnere sich: Der Wießner kam aus einer Metzgerfamilie, die den Bürgermeister von Dietenhahn stellte, und die Marie war aus einer reichen Müllerfamilie.
Die Hochzeit fand statt am 27. Januar 1880

Der Wießner, Familienfirma mit Gaststätte

Die Mitgift der schönen reichen Marie war sage und schreibe 30.000 Goldtaler, das unterstrich ihren Spitznamen Goldmarie. Von ihrem Gold und seinem eigenen Erbteil kaufte der Wießner ein großes Gut mit Hof und Äckern in Üttingen.

Wegen der zentralen Lage ließ er das gekaufte Haus abreißen und baute sehr großzügig eine Gaststätte mit Holztäfelung und einem großen Tanzsaal darüber.
Aufmerksame Leser erinnern sich nun vielleicht an die Geschichte mit dem Maskenball beim Wießner? Ja, richtig: Genau diese Üttinger Erlebnisgastronomie baute der Wießner mit dem Geld aus der Mitgift seiner Marie, das war um 1880 oder etwas danach. Die Gaststätte hieß „Zum Goldenen Einhorn", aber die meisten Besucher sagten einfach sie wären „beim Wießner".

Der Gasthof war wirklich das zentrale Prunkstück von Üttingen. Er war gleichzeitig Poststation und der Treffpunkt für alle, die keinen Fernseher zu Hause hatten, und eben den hatte niemand, denn der TV war noch nicht erfunden. Nicht einmal Radios hatten die Menschen damals, der Volksempfänger brauchte noch ca. 50 Jahre Zeit bis zu seiner Markteinführung in den 1930ern
Wer um 1880 Musik, Klatsch, Tratsch und Witze hören wollte, der kam hierher, in die Wirtschaft „Einhorn" vom Wießner. Das ganze ver-

gnügliche Dorfleben spielte sich hier ab, es wurden Schafkopfturniere veranstaltet und am Wochenende spielte eine Kapelle im Saal des oberen Stockwerks auf. Zu diesem führte eine breite Treppe aus Stein. Hatte man die erklommen, konnte man Tanzen.

Die später nicht mehr benötigten Gesinderäume wurden irgendwann zu Fremdenzimmern umgebaut, schließlich wurde sogar eine Kegelbahn großen Stils errichtet. Die Gaststätte „Zum Goldenen Einhorn" wurde zur Goldgrube für die Wießner's.

Das reiche Ehepaar Wießner hatte zunächst fünf Kinder, fünf Töchter. Als die Diphterie, eine damals heimtückische, tödliche Krankheit und Epidemie das Dorf heimsuchte, da gab man jeder Patin ein Kind, damit sich nicht alle fünf Kinder gleichzeitig ansteckten.

Wenn ein Kind dann doch erkrankte, nahmen es die Eltern wieder zu sich, damit die Kinder zu Hause sterben konnten. Eiskalte Sauermilch war die letzte Freude der Kinder, ehe sie starben. Von den fünf Mädchen blieb nur eine am Leben, sie war rechtzeitig bei einer Patin in Dietenhahn untergekommen und war der Ansteckung entgangen. Das war die Rettel, die wurde immer so genannt und nie anders.

Die Gold-Marie gebar ihrer Waldfest-Liebe, dem Wießner, aber noch weitere vier Kinder, das waren die Babett, der Schorsch, die Emma und noch ein Mädchen, das nannten sie nach der Mutter. Das war die bewusste Wießner's-Tochter Marie, auf deren Geschichte wir später in diesem Buche noch näher eingehen werden, denn dieses Wießner'smariechen sollte einmal die Frau vom Andresle und die Mutter unserer Erzählerin werden. Doch hierzu später.

Erst verraten wir einmal, was es sonst noch über das Schicksal der Goldmarie und ihren ehrenwerten Gatten, den Wießner, zu berichten gibt und wie die Geschwister vom Wießner'smariechen unter die Haube kamen

Nachdem der Wießner also seine Goldmarie geheiratet und gut in die Gastwirtschaft investiert hatte, war er ein gemachter, reicher Mann. Seine Marie hatte ihm neun Kinder geboren, von denen immerhin fünf am Leben waren.

Bald war die einst so reiche und stolze Goldmarie nur noch eine abgeschaffte Frau. Sie musste jede Nacht in der Gaststätte bleiben, bis der letzte Gast gegangen war, bis die Tische gesäubert und die letzten Gläser gespült waren. Die neun Geburten und die nächtelange Arbeit im Qualm der Gaststätte hatten ihr einst so schönes Aussehen ruiniert.

Jede Woche fuhr der „Herr Wießner" mit seinem 1 PS-Herrenwagen, gezogen von einem schönen, kräftigen Pferd nach Würzburg und machte dort Geschäftseinkäufe und sich selbst auch einen schönen Tag. Selbst im Winter verzichtete er nicht auf seine Herrentouren mit Nobelkarosse, einen großen Pferdeschlitten, den das Pferd über den Schnee zog. Er ging auch regelmäßig zur Kur nach Salzungen, egal, wie viel Arbeit zu Hause anfiel.

Aber eines Tages bekam seine tüchtige Ehefrau eine Lungenentzündung und starb. Jetzt mussten die Kinder im Familienbetrieb schuften.
Alle Arbeiten auf dem Feld, auf dem Hof, im Stall, im Haus und in der Tanz-Gastwirtschaft mit angeschlossenem Fremdenzimmervermietung waren von seiner Familie zu erledigen, alle waren im Betrieb eingebunden: Seine Töchter Rettel, Babett, Marie, sein Sohn Georg und später auch dessen Ehefrau, also die Schwiegertochter waren verantwortlich und hatten zu arbeiten. Nur die Emma, seine jüngste Tochter, die war erst zehn Jahre alt und noch zu klein zum Arbeiten und durfte als Kind solange spielen, bis auch sie groß genug war um im Betrieb eingesetzt zu werden.
   Sohn Schorsch musste natürlich Metzger lernen, wie der Vater, und dessen Ehefrau musste auch im Familienbetrieb, im Einhorn, mitarbeiten.

Aber der Wießner selbst war inzwischen nur noch der Boss des Wießner-Betriebes. Seine Kinder waren verantwortlich für die vielen Abteilungen der Familienfirma: Ackerbau, Viehzucht, Gastwirtschaft, Fremdenzimmer, Post, Metzgerei.
Wenn eine seiner „Abteilungsleiterinnen", also z. B. die Babett in seine Stube kam und eine Frage

hatte, dann sagte er: „Das Problem musst du selbst lösen. Denk einfach, ich wäre nicht da."

Metzger und Knechte waren angestellt, die hatten die Männer-Arbeit zu erledigen und im Betrieb zu helfen.

Der Peter'shans, der uneheliche Sohn vom Peter'skäthchen, war übrigens auch einer seiner Knechte, den er angestellt hatte.

Der Herr Wießner selbst war nur noch „General-Manager" und ging, statt körperlich zu arbeiten, lieber auf die Jagd oder machte seine Einkaufs- und Herrentouren in die Stadt. Die harte Arbeit war delegiert worden.

Geschäftsmänner wie er bestimmten das Geschehen in und um Üttingen. Sie entschieden, wer wen warum heiraten durfte oder sollte oder wer eben nicht. Als weiteres Beispiel sei alsbald verraten, wie Andres schließlich zu seiner Frau, einer Tochter des Wießner's gekommen ist.

Aber vorher schauen wir einmal, wie es den anderen Kindern vom Herrn Wießner erging, das waren, wie gesagt:
Rettel, Babett, Schorsch, Marie und Emma

Abbildung: Familie Georg und Marie Wießner

(Gold-)Marie Schmitt + Georg Wießner
/
Rettel, Babett, Schorsch, Marie, Emma

Rettel's Liebe und ihr Leben

Rettel war das einzige überlebende Üttinger Kind der Diphtherie-Epidemie, weil sie weit weg, fort von Üttingen gebracht worden war. Sie war die älteste Tochter der Wießner's und wurde auch als erstes in der Gastwirtschaft eingesetzt. Zunächst als Bedienung; später als Betriebsleiterin der Post, die ja auch im Gaststättengebäude einen eigenen Raum hatte.

Die Rettel verliebte sich in den Dorflehrer, der jeden Tag in die Wirtschaft kam und hier zu Mittag aß. Er war aber kein Bauer, sondern nur ein kleiner Beamter ohne Vermögen. Deshalb wollte der Wießner ihn nicht als Schwiegersohn. Die Rettel und der Lehrer trafen sich also heimlich in den Gesinderäumen der Gastwirtschaft.

Das ging so lange gut, bis Rettel schwanger wurde. Den Lehrer konnte man zwar nicht nach Amerika schicken, aber er wurde strafversetzt und musste Üttingen verlassen.

Rettel gebar dann ein Baby, aber das starb wenige Tage nach der Geburt.

Rettel's Ruf im Dorf war ruiniert, sie konnte ja nie mehr als Jungfrau in eine Ehe gehen. In der Kirche, wo jeder seinen standesgemäßen Platz hatte, wurde sie vom Pfarrer auf die Sünderbank, ganz hinten verwiesen. Sie ist dann natürlich nie mehr in die Kirche gegangen.

Als dann ein reicher Gutpächter namens Bär nach Üttingen kam, der Felder anpachtete und mit Gewinn beackerte, wurde sie an diesen verheiratet. Leider führten Missernten und schlechte Wirtschaftslage irgendwann zur Pleite des Mannes, der ja keine Äcker besaß, sondern den Boden nur gepachtet hatte.

Nach dem Bankrott zog der Herr Bär mit der Rettel nach Nürnberg und wurde Prediger der evangelischen Christengemeinde. Mit Unterstützung eines Gemeindebruders pachteten sie einen Seifen- und Bürstenladen wo die Rettel dann arbeitete.

Es wird gemunkelt, dass während ihr Mann, der Bär, oft in anderen Gemeinden als Prediger auf Reisen war, Rettel's Ex-Freund, der Lehrer, ab und zu in Nürnberg gewesen sein soll, um die Rettel zu besuchen, weil er nie von ihr losgekommen ist. Sie war seine unerfüllte Liebe, die ihn ein Leben lang verfolgte und weshalb dieser ehrenwerte Mann sich nie in eine andere Frau verlieben konnte und ewig unverheiratet blieb.

Es wird im Dorf Üttingen berichtet, dass in den 1950er Jahren, an einem Sonntag Abend in der übervollen Üttinger Gaststätte des Wießner plötzlich ein alter Mann aufstand, und zum großen Bild des alten Wießner ging, das da an der Wand war.
Dort trommelte er wie wild mit den Fäusten auf das Bild ein und schrie dabei:

„Dieser Mann hat mein Leben kaputt gemacht!"

Von den Gästen der Wirtschaft gebremst und befragt stellte sich dann heraus, dass es der Lehrer war, dem der Wießner damals verboten hatte seine Tochter Rettel zu heiraten.

Die Rettel selbst hatte während der Ehe mit dem Prediger Bär noch fünf Kinder zur Welt gebracht und ihre Nachfahren betreiben heute Drogerien. Drogerien, so nennt man nämlich die Nachfahren der damaligen „Seifen- und Bürstenläden".

Babett, die Eingesperrte

Die Babett war im Familienbetrieb Wießner zuständig für die Landwirtschaft und Tiere. Das hieß Füttern, Melken, Stallarbeit, etc. und Jauche.

Auch sie wurde von einem Verehrer umschwärmt, den sie aus Sicht Ihres Vaters nicht heiraten sollte. Damit nichts passierte wurden Gitter an die Fenster gemacht, damit die Burschen nicht „fensterln" konnten. Weil man schon dabei war, wurden gleich alle Fenster im Haus vor den Mädchenzimmern vergittert, quasi eine vom besorgten Vater versuchte Geburtenregelung.

Als Tochter aus reichem Haus hat Babett natürlich trotz der Stallarbeit einen standesgemäßen Mann gefunden. Sie wurde geheiratet von Adam. Sie bekam vier Kinder, davon sind zwei kurz nach der Geburt gestorben, dann kamen Lina und Hanna.

Babett's Mann war Adam, der war Müller und Landwirt und noch viel mehr. Adam hatte auch das Sägewerk mit einer modernen Säge. Die Säge konnte er übrigens finanzieren, ohne auf die Forderung der Üttinger Sparkasse eingehen zu müssen, eine andere als Babett zu heiraten.

Die Mühlenräder wurden von einem Bach angetrieben und Adam hatte in dem Bach sogar ein kleines Wasserkraftwerk gebaut. Das war immerhin so groß, dass es den Strom für das ganze

Dorf produzierte, und Adam erhielt Geld von der Gemeinde für den Strom.

Bei diesem gesellschaftlichem Status und so vielen Einnahmequellen die Adam hatte, ist wohl jedem klar, dass er den Segen vom Wießner für die Ehe mit Babett bekommen konnte.

Emma, das Heidenröslein

Schon als Schulkinder hatten sich Emma Wießner und Wilhelm Pabst auf der Kegelbahn von
Wießner's Unterhaltungsgastronomie getroffen
und waren ineinander verliebt. Aber der Wilhelm Pabst war Sohn des Bürgermeisters und
der war der reichste Bauer von Üttingen. Der
war dagegen, dass sein Sohn die Emma heiratet.

Der Wilhelm sollte also mit einer anderen „verkuppelt" werden und es wurde ein Fest veranstaltet, wo die andere dem Wilhelm als Tisch-
dame zugeteilt wurde, damit die beiden sich
näherkommen sollten. Wilhelm ging darauf ein,
zumindest für diese Festnacht und das konnte
ihm die Emma nicht verzeihen. Sie war so in Eifersucht gekränkt, dass sie ihn nach diesem Fest
nicht mehr angeschaut hat.

Kurz darauf wurde Wilhelm in den 1. Weltkrieg
eingezogen und marschierte unverheiratet in
den Krieg. Von der Front schickte er Liebesbriefe
mit Bitten um Verzeihung an seine Emma, aber
sie hat seine Briefe nie beantwortet. Wilhelm
schrieb dann Briefe an Emmas Schwester Marie,
damit er etwas von seiner Liebsten erführe und
Kontakt zur Heimat halten konnte. Aber Emma
reagierte trotz Zuredens ihrer Schwester Marie
nicht auf die Briefe von Wilhelm.

Also dachte sich Andres Triebig, dass wenn
Emma den Wilhelm nicht mehr will, er vielleicht
Chancen hätte und begann, sie zu umschwärmen.
Als auch er im Krieg war, schrieb er immer Briefe

an Emma, aber er konnte Emmas Liebe nicht für sich gewinnen.

Emma liebte, obwohl zu tiefst gekränkt, noch immer den Wilhelm, aber da er ihr einmal untreu gewesen war, dachte sie, das könnte sie ihm nie verzeihen. In ihrem Liebeskummer sang sie bei der Arbeit, während des Spülens in der Gaststätte, stets das Lied vom Heidenröslein, und zwar alle drei Strophen des Textes von Johann Wolfgang Goethe aus dem Jahre 1771

Sah ein Knab' ein Röslein steh'n, Röslein auf der Heiden,
War so jung und war so schön, lief er schnell es nah zu seh'n
Sah's mit vielen Freuden, Röslein, Röslein, Röslein rot,
Röslein auf der Heiden.

Knabe sprach: "Ich breche dich, Röslein auf der Heiden."
Röslein sprach: "Ich steche dich, dass du ewig denkst an mich, und ich will's nicht leiden."
Röslein, Röslein, Röslein rot, Röslein auf der Heiden.

Und der wilde Knabe brach 's Röslein auf der Heiden;
Röslein wehrte sich und stach,
half ihm doch kein Weh und Ach,
Musst es eben leiden. Röslein, Röslein, Röslein rot,
Röslein auf der Heiden.

Immer wieder sang Emma das Lied bei der Arbeit in der Küche der Wirtschaft und oft haben die Gäste leise die Küchentür geöffnet, damit sie es besser hören konnten. Und es war allen klar und jedem bewusst, dass Wilhelm der Knabe war, der sie gebrochen hatte und Emma, das Röslein, musste leiden.

Erst als der Krieg zu Ende war und Wilhelm heil zurückkehrte und alle am Ort froh waren über jeden Heimkehrer, da wurde das Röslein Emma wieder schwach, verzieh ihrem Knaben Wilhelm und die beiden heirateten.

Moment, mag ein aufmerksamer Leser denken: Wieso durfte sie denn jetzt den Wilhelm Pabst heiraten? Wir dachten doch, dass sie nicht die richtige Partie für die Pabst-Familie wäre?

Nun, die Begründung ist wie folgt: Kriegszeiten verändern das Denken der Menschen, und durch den Krieg und die vielen gefallenen Soldaten herrschte Frauenüberschuss. Die dem Wilhelm von seinem Vater zugedachte „andere Rose" hatte inzwischen, aus Angst, keinen Mann mehr zu kriegen, den Lehrer namens Späth geheiratet und war inzwischen verheiratet.

Nachdem nun die Emma ihrem Wilhelm vergeben hatte, willigten die Pabsts dann doch in die Ehe ein und so stand dem Happy End der großen Liebe nichts entgegen und das Lied vom Heidenröslein ward nicht mehr im Gasthof des Wießner gehört.

Georg Wießner jr.

Der einzige Sohn vom Wießner hatte, fern vom Familienbetrieb, Metzger gelernt, war dann in den Krieg eingezogen worden. Aus diesem kam er glücklicherweise auch heil wieder zurück und heiratete bald eine Gastwirtstochter vom Fach. Gleich danach durfte seine Ehefrau im väterlichen Gasthof „Zum Goldenen Einhorn" die Stelle einnehmen, die eigentlich seine Schwester Marie innehatte. Ihrem Georg gebar sie Töchter.

Der Georg jr. war des alten Wießner's einziger Sohn. Als es mit dem Senior zu Ende ging, da sagte er noch auf dem Sterbebett zu seinem Sohn: „Lass den Namen Wießner nicht aussterben!"

Aber aus dieser Ehe gingen insgesamt nur Töchter hervor, vier an der Zahl, aber kein einziger Bub, der den Namen Wießner hätte weitervererben können. Der Name Wießner dieser Üttinger Linie ist später tatsächlich ausgestorben.

Marie Wießner, die Gehorsame

Es folgt die rührende Geschichte über die unerfüllte Liebe vom schönen Wießner-Mariechen und dem Happy End für einen hoffenden Dritten. Nun, lesen Sie selbst:

Marie war erst 14 Jahre alt und hatte kaum die Üttinger Volksschule verlassen, da starb ihre Mutter, die Goldmarie.

Mariechen wurde von ihrem Vater in die Großstadt Würzburg geschickt, um eine Lehrstelle in einem guten Hotel anzutreten. Sie wurde in den Familienbetrieb des Hotelbesitzers integriert, bewohnte ein Zimmer im Hotel und arbeitete sich gut und schnell ein. Bald bekam sie verantwortungsvollere Aufgaben übertragen. Sie erlernte alles Notwendige, welches heutzutage wohl mit einer Hotelfachlehre vergleichbar ist. Sie machte am Abend die Kasse und hatte sogar den Schlüssel für den Geldschrank.

Der Hotelbesitzer hatte einen Sohn, der verliebte sich in das hübsche Lehrmädchen aus Üttingen. Marie erwiderte seine Liebe und fühlte sich wohl im Hotel, bei der Arbeit und Nahe ihrem Liebsten. Sie träumte davon, eines Tages den Sohn des Hauses ehelichen zu können und mit ihm zusammen das Hotel führen zu können.

Sie malte sich Ihre Zukunft rosig aus und war glücklich. Sie wusste ja nicht, dass ihr Vater, der Wießner, in der Neujahrsnacht des Jahres 1900 bei einer Ansprache in der Gastwirtschaft folgendes geschworen hatte:

„Jetzt gibt es schon Wägen, die ohne Pferde fahren können und eines Tages wird es Wägen geben, die in der Luft fliegen können. Die Zeiten ändern sich, aber das einzige, das immer Bestand haben wird, sind Äcker, die den Menschen ernähren können. Deshalb dürfen meine Töchter nur Bauern heiraten, damit sie nie Hunger leiden müssen."

Damals war Marie erst 10 Jahre alt gewesen, und nun war sie ein Teenager und hoffte darauf, dass sie den Sohn des Würzburger Hotelbesitzers heiraten durfte, der sie ja so liebte und sie zum Weibe und zur Hotelchefin machen wollte.

Marie's Liebe war so groß dass sie sie nicht verheimlichen konnte. Sie erzählte ihren Freundinnen und der Üttinger Bas' davon. Die Nachbar's Bas' war eine Vertraute der Üttinger Jungfrauen, zu der die Mädchen kamen, wenn sie Rat benötigten, denn schließlich gab es damals noch keine Zeitschriften für Teenager, die Aufklärungsberichte und Tipps fürs erste Date enthielten. Nachdem es alle Mädchen am Ort wussten, in wen die Marie verliebt war, kam es natürlich auch irgendwann Marie's Vater zu Ohren und er erfuhr von der Liebe seiner Tochter zum Sohn des Hoteliers in Würzburg.

Der Wießner befand daraufhin, dass seine Tochter nun genug im Hotel gelernt und gearbeitet hätte und befahl sie zurück nach Üttingen, wo er

der inzwischen 17jährigen Marie die Zuständig-
keit und Arbeit in seiner Gastwirtschaft über-
trug.

So war Marie fern von diesem katholischen
Nicht-Bauern in Würzburg und der Vater hatte
seine Tochter besser unter Kontrolle.

Marie arbeitete ab sofort in der elterlichen Gastwirtschaft, im Servierkleidchen mit einer weißen
Schürze

Der Liebesbrief

Andres und der Adam von der Mühle und dem Sägewerk waren Freunde. Beide waren heil aus dem 1. Weltkrieg heimgekehrt und waren auf Brautschau. Sie machten sich Hoffnungen, die Wießner's-Töchter erobern zu können.

Adam war zwar in die Tochter vom Peter's-käthchen verliebt, aber die war ja, wie ihre Mutter, nicht standesgemäß. Deshalb hatte er sich die Babett aus dem Hause Wießner auserkoren und durfte sie, wie wir bereits erfahren haben, auch heiraten.

Der Andres, dem vor dem Krieg die Verlobung mit Rosa geplatzt war, hatte ja dann gehofft, die Wießner's Emma für sich gewinnen zu können. Er hatte ihr Briefe von der Front geschickt. Aber wie wir wissen, wollte Emma immer nur den Wilhelm und hatte stets das Lied vom Heiden-röslein gesungen.

Also begrub Andres seine Hoffnungen auf Emma und überlegte sich, wen er denn sonst zur Frau nehmen könnte. Er entschied, zunächst für sich allein, dass es Emmas Schwester, die Wießner's Marie sein sollte.

Die Marie Wießner, ja, die wollte er heiraten.

Eines Tages war Andres mit seinem Pferdewagen unterwegs, um ein Jauchefass zu einem seiner Äcker zu fahren und die Gülle auszubreiten, auf dass der Boden gedüngt sei und die Ernte gut würde. Als er am Lokal der Wießner's vorbei kam, da sah er zufällig, wie folgendes geschah:

Die Postkutsche kam gerade aus Würzburg und hielt vor der Wirtschaft der Wießner's, denn die war ja gleichzeitig auch die Poststation von Üttingen. Der Postbote stieß ins Horn, „Trari Trara, die Post ist da!" und Marie, die ja hier in der Wirtschaft arbeitete, kam heraus und nahm die Briefe entgegen. Dabei schaute sie sogleich, ob auch etwas für sie dabei wäre. Und siehe, da; ein Brief war auch an sie gerichtet.

Marie schaute auf den Absender, strahlte vor Freude, küsste den Brief, barg ihn am Busen und eilte wieder ins Haus, in Vorfreude ihn zu lesen.

Uns Lesern ist klar, dass es sich um einen Liebesbrief des Hotelsohnes aus Würzburg gehandelt hat. Aber der Andres wusste das nicht und er fragte sich, was denn das für ein bedeutsamer Brief war. Wer war der geheimnisvolle Absender, der Marie einen Brief gesandt hatte, der sie so erstrahlen ließ?

Andres musste es herausfinden und zusammen mit seinem Kumpel Adam wurde ein Plan geschmiedet, der ging folgendermaßen:

Der Brief war im Zimmer der Marie, das Zimmer war im Gasthof, im oberen Stockwerk. Der Schlüssel zum Zimmer hing am Schlüsselbrett der Gastwirtschaft, wo Marie als Bedienung arbeitete. Adam sollte Marie durch eine Getränkebestellung ablenken, derweil würde Andres den Schlüssel stibitzen und zum Zimmer hochgehen. Damit das Fehlen nicht auffiele, musste der Schlüssel ganz schnell wieder zurück an seinen Haken.

Daher war geplant, dass Andres nach dem Öffnen des Zimmers den Schlüssel außen stecken lassen sollte und der Adam gleich darauf in den ersten Stock kommen, schnell den Schlüssel abziehen und unten wieder an das Schlüsselbrett hängen sollte.

Nachdem die beiden Burschen diesen genauen Plan ausgetüftelt hatten, wurde er schließlich auch in die Tat umgesetzt. Aber wie in jedem guten Krimi gab es auch hier einen Kommissar Zufall und es passierte ein Ereignis, das die beiden Schlüsselgauner nicht ahnen konnten.

Adam rief die Marie an seinen Tisch, bestellte ein Bier, machte Komplimente und verwickelte die Gute in ein kleines, lustiges Gespräch. Während Marie fern vom Tresen war, klaute Andres den Schlüssel vom Haken am Brett und gelangte auch ungesehen nach oben, zu den Zimmern, wo Marie zusammen mit ihrer Schwester Babett wohnte. Ganz nach Plan schloss Andres das Zimmer auf, ließ den Schlüssel stecken, betrat das Zimmer und machte die Tür hinter sich zu. Gleich würde Adam kommen und den außen an der Tür hängenden Schlüssel abziehen und wieder unten im Gastraum ans Schlüsselbrett hängen.

Kaum war Andres im Zimmer, da hörte er auch schon Schritte auf dem Gang. „Das ging aber schnell", dachte sich der Andres, und hörte, wie das Zimmer von außen zugeschlossen und der Schlüssel abgezogen wurde. Andres hielt vor Spannung den Atem an, dann entfernten sich die Schritte wieder. Wahrscheinlich hatte er sich nur verhört, Adam hatte wahrscheinlich nur den Schlüssel abgezogen, so wie es geplant war. Also konzentrierte sich Andres auf die Suche nach dem Brief und das war nicht ganz einfach, denn es war ziemlich dunkel im Zimmer und eine batteriegespeiste Taschenlampe, die sehr nützlich gewesen wäre, die gab es 1920 noch nicht. So suchte er im spärlichen Licht des Mondscheins und im Feuerschein von entzündeten Streichhölzern nach dem Brief, bis er ihn schließlich fand.

Er ging ans Fenster, wo es heller war und musste zu seinem Entsetzen lesen, dass der Hoteliersohn aus Würzburg an „seine" Marie geschrieben hatte und sie in dem Brief aufforderte, durchzubrennen. Marie sollte tatsächlich von zu Hause abhauen und zum Hoteliersohn flüchten.

Wortwörtlich stand in dem Brief:
„Komm zu mir Liebste! Du brauchst keine Kleider zu packen, nicht einmal die Leibchen. Nimm nur deine Handtasche und vergiss auf keinen Fall die Papiere, damit wir heiraten können."

Das war natürlich ein Schock für den Andres, der gehofft hatte, dass er die Marie heiraten könnte. Diese Brautentführung musste irgendwie verhindert werden. Er musste sofort mit Adam drüber sprechen.

Er legte den Brief wieder in die Schublade, wollte sich wieder aus dem Zimmer schleichen und ging zur Tür, um sie leise und vorsichtig zu öffnen, aber die Tür war tatsächlich verschlossen.

Eisengitter waren an den Fenstern, hinausfensterln war also nicht möglich. Andres war eingesperrt. Was war nur passiert?
Der Adam hatte die Marie zwar abgelenkt, so dass sich der Andres den Schlüssel stibitzen konnte, aber die aufmerksame Marie hatte das Fehlen des Schlüsselbundes gleich nach ihrer Rückkehr zum Tresen bemerkt. In Sorge, wo der Schlüssel denn nun sei, war sie sofort nach oben geeilt, da sie vermutete, sie hätte den Schlüssel in ihrem Zimmer vergessen. Oben angekommen sah sie erleichtert den Schlüssel an der Tür ihres Zimmers hängen Da schloss sie schnell die Türe zu, steckte den Schlüssel in ihre Schürzentasche und eilte zurück nach unten ins Lokal, wo die Gäste auf Bewirtung warteten. Statt den Schlüssel wie gewohnt wieder ans Brett zu hängen, ließ sie ihn in ihrer Schürzentasche.

Kaum war Marie wieder als Bedienung im Lokal unterwegs, da schlich sich der Adam wie verabredet nach oben, aber er fand den Schlüssel nicht wie verabredet an der Türe stecken. Wieder zurück im Lokal, stellte er fest, dass der Schlüssel auch nicht wie gewohnt am Brett hing. Da es aber scheinbar keine Probleme gab, dachte er: „Na gut, dann hat der Andres wohl den Schlüssel eingesteckt, statt ihn draußen an der Tür hängen zu lassen."

Adam saß in der Gastwirtschaft und wartete auf Andres, aber der kam nicht. Andres saß oben im Zimmer der Marie auf der Bettkante und wartete, dass Adam mit dem Schlüssel käme, aber der kam nicht. So saßen beide Burschen wartend, und langsam verstrich die Zeit.

Schließlich wurde es dem Andresle doch etwas mulmig und er überlegte, wie er aus dem Zimmer wieder heraus käme. Die zwecks Empfängnisverhütung am Fenster angebrachten Eisengitter konnte er nicht verbiegen oder zersägen. Er nahm schließlich sein Taschenmesser und demontierte leise wie ein Einbrecher das Türschloss, um aus Marie's Zimmer ausbrechen zu können. Nachdem er auf diese Art die Tür öffnen konnte, schlich sich das Andresle nach unten und entkam ungesehen durch einen Hinterausgang der Wirtschaft.

Seinem Kumpel Adam würde er morgen was erzählen!

Marie selbst stand nach Ladenschluss der Wirtschaft nachts vor ihrem Zimmer um Schlafen zu gehen, aber als sie den Schlüssel ins Schloss steckte, da fiel es samt Türgriff auf den Boden.

„Da muss morgen der Schmied kommen", murmelte sie, während sie das Zimmer betrat, die Tür zuzog und nur behelfsmäßig anlehnen konnte.

Jetzt sollten wir an dieser Stelle, weil es gerade passt, das Folgende erwähnen: Im Laufe der nächsten 100 Jahre gab es immer mehr Autos und kaum noch Kutschen mit Pferden, die Hufeisen brauchen. Deshalb haben die Schmiede von damals sich der Zeit angepasst und haben „umgesattelt", wie es so schön heißt: Die einen, die arbeiten heute als Automechaniker und die anderen als „Schlüsseldienst". Jetzt wissen wir auch, wieso. Denn es ist offensichtlich, dass es weniger Pferde gibt, aber es gibt immer noch jede Menge Schlüssel, die irgendwie verloren gehen und auch Sicherheitsschlösser werden immer gebraucht, wenn auch nicht für altertümliche Keuschheitsgürtel.

Am nächsten Tag machte sich der Andres gleich auf den Weg zum Adam, um mit ihm ein Hühnchen zu rupfen, weil er ihn im Zimmer auf glühenden Kohlen hatte sitzen lassen.

„Ich wollte ja, wie geplant helfen, aber der Schlüssel war nicht wie verabredet im Schloss," verteidigte sich Adam und fuhr fort: „hast du den

Brief gefunden? Los erzähl schon, von wem war er und was stand drin?"

„Stell dir vor," berichtete Andresle seinem Kumpel, „der Sohn vom Würzburger Hotel will dass die Marie durchbrennt. Der hat ihr geschrieben, dass sie vom Wießner abhauen soll, nur mit den Papieren, damit er sie heiraten kann."

Andres war enttäuscht. Schon wieder schien es, dass er nicht das Mädchen bekommen konnte, das er eigentlich heiraten wollte. Erst war die Verlobung mit der schönen Rosa geplatzt, dann war er in den Krieg gezogen, die Emma wollte ihn auch nicht und nun war er schon 30 Jahre alt und seine auserkorene Marie wollte wegen einem anderen durchbrennen

Adam schlug dem Andresle tröstend auf die Schulter und, in modern-deutsch formuliert, sagte er so etwas ähnliches wie: „Wir schaffen das schon irgendwie"

Beim nächsten Stammtischbesuch im Lokal, der Wirtschaft vom Wießner, erzählte der Adam, dass die Marie zu dem Sohn des Hotels, in dem sie vor Jahren in Würzburg gearbeitet hatte, durchbrennen wollte. Woher er DAS denn wüsste, fragten die anderen.

In Bierlaune erzählte der Adam dann von dem wahnsinnigen Unterfangen, in den Hochsicherheitstrakt der Bedienung Marie einzubrechen um an die geheimen Informationen zu gelangen, die vom Würzburger Postboten in Maries Hände gelangt waren. Wie die Marie abgelenkt worden war, damit sich das Andresle mal kurz den

Schlüssel „ausleihen" konnte und dieser dann im Zimmer eingesperrt war und nur wegen der Demontage des Türschlosses flüchten konnte.

Der Adam erzählte das alles so spannend und übertrieben, dass sich die Stammtischbrüder vor Lachen auf die Schenkel klopften und den Adam immer wieder nach Einzelheiten fragten, nur um wieder eine witzige Bemerkung machen zu können, woraufhin wieder alle in Gelächter ausbrachen.

Soviel Frohsinn und Lachen fiel natürlich jedem im Lokal auf und auch dem Wießner entging es nicht, dass hier eine gute Geschichte zum Besten gegeben wurde. Er kam an den Tisch, fragte, was denn los sei und ob er auch mitlachen dürfte und in diesem Moment ging die Tür zur Wirtschaft auf, das Andresle betrat das Lokal und die Meute in der Wirtschaft tobte, trommelte mit den Fäusten vor Begeisterung auf dem Tisch und unter Gejohle und dem Anfeuern der Stammtischbande musste das Andresle noch mal alles erzählen, aus seiner Sicht.

So erfuhr der alte Wießner, dass der Bauer Andres eigentlich gern seine Tochter Marie heiraten würde und weil er lieber einen Landwirt mit Äckern als Schwiegersohn wollte, als dass seine Tochter zu einem Hotelier aus der Stadt durchbrennt, der auch noch katholisch statt evangelisch war, deshalb wurde die Marie sofort an den Tisch geholt und zur Rede gestellt.

Der Marie hatte schon jemand zugeflüstert, warum ihr Zimmerschloss kaputtgegangen war und sie wusste von der Eifersucht des Andres und dass der Inhalt des Briefes bekannt geworden war.

Jetzt war sie auf alles gefasst, rechnete mit einer Standpauke und verteidigte sich: „Natürlich wäre ich nicht durchgebrannt. Ich hätte nie ohne den Segen meines Vaters heiraten können."

So eine brave Einstellung mochte der Wießner und fragte, ob sie den Andres Triebig heiraten würde, wenn er es wünsche...

So kam es, dass der Andres Triebig gleichzeitig der Marie den Antrag machte und den Wießner um die Hand seiner Tochter bat, während alle vom Stammtisch Zeuge waren.

Marie willigte ein. Der Wießner gab dazu seinen Segen und rief gleichzeitig eine Lokalrunde aus. Es wurde auf die soeben geschlossene Verlobung angestoßen und alle Leute in der Gastwirtschaft tranken mit und jubelten dem Verlobungspaar zu.

Die Geschichte verbreitete sich schnell wie ein Lauffeuer im Dorf und die Marie wurde nicht mehr aus den Augen gelassen, damit sie nicht doch noch durchbrennt. Marie war natürlich unglücklich, aber die gesamte Üttinger Gesellschaft wusste Bescheid, dass der Wießner eine schnelle Hochzeit für seine Tochter vorbereitete.

Die einzige, bei der sich Marie ausweinen konnte, war die Nachbar's Bas', die wie gesagt die Vertraute aller unverheirateten Mädchen am Ort war. Diese riet der Marie, sich in ihr Schicksal zu fügen und dem Wunsch ihres Vaters zu folgen und bemühte sich zu erklären, welche Vorteile eine Ehe mit Andres hätte, auch wenn sie ihn nicht liebte. Schließlich sei sie schon 29 Jahre alt, hätte wegen dem Krieg und dem Männermangel noch immer nicht den richtigen Mann gefunden und als Evangelische könne sie doch keinen Katholiken heiraten, auch wenn sie ihn liebte.

Mit Andresle wäre es zwar keine Liebesheirat, sondern eine Vernunft-Ehe aber sie solle doch alles gut überdenken und vernünftig sein.

Weil die Bas' aber wusste, wie sehr Marie's Herz eigentlich für den Hoteliersohn in Würzburg schlug, sagte sie:

„Ich rate dir, den Andres zu heiraten. Aber ich kann's kaum glauben, dass du es wirklich tust. Ich werd es auch dann nicht glauben, wenn ich dich mit Andres ins Standesamt hineingehen sehe. Erst, wenn ihr beiden zusammen wieder herauskommt, dann glaube ich es."

So sprach die Bas' und alle Leute im Dorf wussten es und fast hätte ich geschrieben, dass in Englands Wettbüros Scheine mit Wetten verkauft wurden, ob die Marie denn nun JA auf dem Standesamt sagt, oder NEIN.

Sofort bereitete der wohlhabende Top-Gastronom Wießner eine Prunkhochzeit im Tanzsaal des Gasthofs vor. Es sollte das Üttinger Gesellschaftsereignis Nummer Eins des Jahres 1920 werden. Der so beliebte Landwirt Andreas Triebig, das Becken-Andresle, würde die einzige, noch ledige Tochter des Wießner's heiraten. Das war dem Wießner sogar ein paar Äcker wert, die er der Marie als Mitgift in die Ehe mit dem Bauern Andres gab.

Am Tag der Hochzeit waren alle Üttinger und Gäste aus den Nachbardörfern auf den Beinen. Jung und Alt von Nah und Fern warteten am Rathaus auf die prächtig geschmückte Kutsche, mit der das Braupaar zur Trauung vorfuhr.

Ein Murmeln ging durch die Menschenmenge als die beiden die Treppen zum Standesamt hinaufstiegen und es wurden wohl die letzten Wetten abgeschlossen. Es war der 9. November 1920 und Marie gab dem Andres gehorsam ihr Jawort.

Andreas und Marie Triebig.

Die von den Männern beschlossene Vernunftehe von Marie und Andres wurde prunkvoll gefeiert, und der Wießner war sich sicher, dass er seine Tochter Marie in die richtigen Hände gegeben hatte. Dass seine Tochter Marie gut versorgt war, das war dem Wießner das Wichtigste. Während der Hochzeitsfeier sagte er zum Andres:
„Versprich mir, dass nie am Essen gespart wird."

Die Marie zog aus dem Zimmer im Gasthof Wießner aus. Ihre Stelle nahm die Ehefrau ihres Bruders Georg ein, die war ja auch eine Gastwirtstochter.

Marie war jetzt Teil der Familie Triebig und wohnte auf dem Bauernhof mit Andres, dessen gleichnamigen Vater und der Sophia, die jetzt Marie's Schwiegermutter war. Diese Schwiegermutter war, wie wir wissen, sehr auf das Bewahren von Familienvermögen bedacht und freute sich natürlich, dass die Marie mehrere gute Äcker als Mitgift bekommen hatte und sie war aber auch sehr geizig. Wie wir wissen, waren ihre beiden Töchter Lisette und Mathilde in der Stadt, in Mannheim verheiratet.

Marie hatte gelernt, wie in einem Hotel Betten gemacht werden. Sie hatte an der Rezeption, später am Tresen und als Bedienung im Gasthof gearbeitet. Sie hatte seit ihrem 14. Lebensjahr im feinen Servierkostüm mit weißem Schürzchen gearbeitet, bis jetzt.

Nun war sie 29 Jahre alt und wurde von heute auf morgen die Ehefrau eines Bauern, also Landwirtin. Aber das karge, sparsame Leben der Bauersleute kannte Marie nicht und sie kam damit auch nicht klar. Sie war keine harte Feldarbeit gewohnt, auch Kühe melken und das Ausmisten von Ställen war ihr fremd. Wie schwer es war, sich im Vier-Personen-Haushalt bei den Triebigs einzuleben, zeigt auch diese Geschichte:

Eines Tages, als es Fisch geben sollte, hatte Marie für jeden im Hause einen halben Salzhering gekauft und servierte zum Abendessen für jeden diesen halben Fisch auf dem Teller. Schwiegermutter Sophia rastete aus und beschimpfte die Marie als Verschwenderin. Ein einziger Fisch für vier Personen, also die Hälfte für jeden, hätte auch ausgereicht, weil ja schließlich auch Kartoffeln vom eigenen Acker zum Fisch gegessen werden konnten.

Marie war es stattdessen gewohnt, den hungrigen Gästen der Wirtschaft große Portionen zu servieren und außerdem hatte ihr Ehemann, der Andreas, dem Wießner doch versprechen müssen, dass am Essen nie gespart wird. Aber Marie konnte es ihrer Schwiegermutter, der geizigen Sophia, nie Recht machen.

Noch Jahre nach ihrer Hochzeit musste Marie weinen, wenn sie in der Dorfmitte an der Gaststätte, ihrem Elternhaus, vorbei kam. Hier hatte sie zwölf Jahre gearbeitet und war glücklich gewesen, bis ihre Schwägerin, die Frau ihres Bruders Georg, die Stelle einnahm, an der sie selbst so lange gearbeitet hatte. Wenn immer es möglich war, lief sie daher lieber einen Umweg, um nicht an der Gaststätte der Wießner's, dem „Einhorn" vorbeigehen zu müssen.

Marie, die eigentlich einen anderen geliebt hatte, war quasi von ihrem Vater an Andres verheiratet worden und das Verhältnis zu ihrer Schwiegermutter, mit der sie unter einem Dach leben musste, war schwer getrübt.

Aber Marie fügte sich in ihr Schicksal. Die Erwartungen ihrer Familie und die der Üttinger Gesellschaft waren ihr ja bekannt und es galt, einen guten Mann zu haben, der Äcker besaß und der eine Familie ernähren konnte. Eine Ehe ist schließlich keine rosa Wolke, die aus Luft und Liebe besteht, sondern eine Lebensgemeinschaft, die dazu dient, gemeinsam harte Zeiten überstehen zu können. An eine Scheidung wurde nie gedacht.

Marie machte das Beste daraus, so gut sie nur konnte. Sie vermied jeden Streit mit Sophia und nie kam ein böses Wort über ihre Lippen. Immerhin, der Andreas war ein guter und gerechter Mann, der sie gewählt und bekommen hatte, worüber er froh war. Obwohl er ein strenger Ehemann war, der sie ab und zu schimpfte, wusste sie: Andreas liebte sie.

Schon bald nach der Ehe gebar Marie dem Andres eine Tochter, es war Helma, geboren 1921. Am Tage der Hausgeburt betrat Sophie das Zimmer ihrer Schwiegertochter Marie, räumte ein wenig im Zimmer herum aber sie schaute das Neugeborne, ihr eigenes Enkelkind, nicht einmal an.

Der Grund dafür war wahrscheinlich der, weil das Baby ein Mädchen war, der man später Mitgift geben musste, die in das Vermögen eines Mannes aus einer anderen Familie einfließen würde. Wir wissen ja, wie Sophie dachte, wenn es um das Familienvermögen ging.

Dieses Verhalten war für Andres das endgültige Zeichen, sich von seinen Eltern zu trennen. Er wollte mit Marie zusammen ein eigenes Haus und eine eigene Familie ohne Ärger haben.

Die Geschäfte des Andres Triebig

Während er dies überlegte, da starb im Ort ein Mann, der wollte am Ortsrand eigentlich gerade das Haus mit Nummer 103 ¼ auf einem Grundstück bauen, das einst dem Wießner gehört hatte und weshalb dieser ein Vorkaufsrecht hatte. Andres sprach mit seinem Schwiegervater und der Wießner erlaubte ihm, das Grundstück, zu kaufen. Auf dem Grund stand auch schon ein Rohbau, der musste fertig gestellt werden, zusätzlich sollten eine Scheune und ein Stall für die Schweine und Kühe gebaut werden.

Für diese Investitionen brauchte Andres aber das Geld aus seinem vorgezogenen Erbe, das ihm die geizige Mutter Sophia und sein Vater aber nicht geben wollten. Glücklicherweise half ihm der reiche Wilhelm Pabst, der die Schwester seiner Frau, nämlich die Heideröslein-Emma geheiratet hatte, mit einem Kredit, den Andres brav abstotterte.

Gerade erst hatte der Lehrer Stengel aus Mannheim für seine Mathilde und die Lisette zwei drittel des Vermögens gefordert und dies auch nach langen Verhandlungen mit Sophia erhalten.

Aber nun stellte sich die Mutter von Andreas stur, und wollte an ihren Sohn und ihre ungeliebte Schwiegertochter Marie nichts mehr herausgeben. Da blieb dem Andreas tatsächlich nichts anderes übrig, als seinen rechtlichen Anspruch am Teil des Familienvermögens gerichtlich feststellen zu lassen und er verklagte seine Eltern auf Herausgabe des Drittels, das ihm zustand.

Die Gerichtsverhandlung wegen der Vermögensverteilung fand in Marktheidenfeld statt, da war Andres so zerstritten mit seinen Eltern, dass er nicht gemeinsam mit seinem Vater im Pferdewagen dort hinfahren durfte. Andres lief den weiten Weg. Es waren immerhin vierzehn Kilometer, die er zu Fuß zurücklegen musste.

Zur damaligen Zeit hatte jeder Mann ein Taschenmesser einstecken, um sich jederzeit eine Frucht schälen, ein Butterbrot schneiden oder ein Türschloss reparieren zu können. Während der Gerichtsverhandlung war Andres natürlich etwas nervös und spielte, um sich zu beruhigen, an seinem Taschenmesser.

Das bemerkte seine geizige Mutter Sophia und sie sagte im Gerichtssaal verächtlich:

„Auch dieses Taschenmesser hast du von uns bekommen".

Jetzt war dem Richter klar, wie der Hase lief und er sagte zu Sophia: „Wenn Sie ihrem Sohn die Muttermilch vorrechnen könnten, würden sie das wohl auch tun", und er sprach dem Andreas seinen Pflichtteil zu.

Im Grunde genommen hatte es Andres nicht gefallen, seinen Teil auf diese Weise von den Eltern erstreiten zu müssen und so half er seinem Vater später stets bei der Landwirtschaft und bemühte sich immer um ein friedliches Familienleben, so gut es eben ging.

Neben der Landwirtschaft versuchte es Andres auch einmal mit Kohlenhandel, aber die Briketts waren zu schwer, als dass Marie hätte mitarbeiten können und außerdem brachte die Kohle nicht genügend Geld ein.

Marie's Vater, der Wießner, hatte die Lizenz zum Schnaps brennen und durfte sie auch weitergeben. So bekam Andres, wie auch die anderen Wießner's-Kinder, eine Schnapsbrennerei, damit er außer der Landwirtschaft noch eine weitere Verdienstmöglichkeit für die Familie hätte.

Die Schnapsbrennerei machte dem Andres Spaß und sie brachte auch Geld ein. Sein 48promilliges 3fach gebranntes Zwetschgenwasser war bald berühmt und in aller Munde und Mägen. Auch sein Obstler war der beste in der Gegend. Während er das Brennen des Alkohols überwachte, hatte er Zeit mit seinem Taschenmesser Holz zu schnitzen und er schnitzte Kleiderhaken und baute auch Spielzeug für seine Kinder, die ihm seine Frau Marie gebar.

Nach Helma wurde ein Jahr später, 1922 der Ernst geboren und drei Jahre nach diesem, 1925, wieder ein Mädchen, die Erika.

Neben der Landwirtschaft, die in den Wintermonaten ruhte, da man keine Felder beackern konnte, hatten die Triebigs zwar schon die Schnapsbrennerei, aber das war dem Andreas nicht genug. Er begann einen Bauwarenhandel und belieferte sogar eine Zweigstelle im vier Kilometer entfernten Greußenheim mit Ziegelsteinen, Kalk, Sand und Zement. Das Geschäft lief gut und Andres konnte eine Magd einstellen. So war Marie von der Feldarbeit und dem Ausmisten der Ställe befreit und konnte sich mehr um den Haushalt und die drei kleinen Kinder kümmern. Eva, die Magd, fühlte sich auf dem Hof der Triebigs wohl und blieb viele Jahre bei der Familie.

1926 starb der alte Wießner und sagte auf dem Sterbebett zu seinem Sohn Georg: „Lass den Namen Wießner nicht aussterben", aber wie in diesem Büchlein bereits verraten wurde, hatte der Georg „nur" vier Töchter und der Name starb aus.

Das Vermögen des Wießner wurde nach seinem Tode an seine fünf Kinder Rettel, Babett, Georg, Emma und die Marie vererbt. So kam auch Andreas Triebig wieder zu Äckern und etwas Geld.

Im selben Jahr kam dann zufällig eines der wenigen Autos, das von einer Privatperson gefahren wurde, durch Üttingen und der Fahrer hielt am letzten Haus des Ortsrandes an, dem Haus Nr 103 ¼, das der Familie Andres Triebig gehörte. Der Fahrer stieg aus, und fragte den Andres, wie weit es denn noch bis Würzburg sei, und ob es auf der Strecke eine Gelegenheit gäbe, Benzin für Autos zu kaufen. Nein, die Möglichkeit gäbe es nicht. Weder in Üttingen, noch in den Nachbardörfern. Das wäre erst wieder in Würzburg möglich.

Andresle erzählte die Geschichte am Abend, in der Wießner's Gastwirtschaft am Stammtisch. Da lachten sich alle schief über den Spinner, der mit einem Wagen ohne Pferde fuhr, aber keine Trankstelle hatte, um seinem Gefährt das notwendige Benzin zum Trinken geben zu können.

Irgend jemand in der Runde erhob sein Glas und zitierte den alten Wießner, Gott hab ihn selig, der zur Jahrhundertwende, im Jahre 1900 folgendes auf der Silvesterfeier gesagt hatte:

„Jetzt gibt es schon Wägen, die ohne Pferde fahren können und eines Tages wird es Wägen geben, die in der Luft fliegen können. Die Zeiten ändern sich, aber das einzige, das immer Bestand haben wird, sind Äcker, die den Menschen ernähren können. Deshalb dürfen unsere Töchter nur Bauern heiraten, damit sie nie Hunger leiden müssen."

Mit diesem Trinkspruch prosteten sich die Üttinger Landwirte zu und dankten Gott, dass sie Bauern waren und die Töchter anderer Bauern heiraten durften.

Wegen diesem Spruch, hatte nicht der Hoteliersohn, sondern er, der Bauer Andres, die Marie heiraten dürfen. Aber der Wießner hatte recht gehabt, die Zeiten änderten sich. Der Andreas war im Krieg gewesen. Er hatte dort nicht nur Autos, Lastwagen und Panzer gesehen, nein auch die kleinen Flugzeuge, die im Tiefflug über die Schützengräben geflogen waren und tödliches Gas in die Gräben geworfen hatten, damit die Soldaten starben oder gezwungen waren, aus den Gräben zu flüchten, wo sie dann ohne Deckung vor den Geschossen aus automatischen Gewehren des Feindes waren.

Andreas hatte gesehen, was Menschen alles erfinden konnten. Er war in Frankreich gewesen, hatte Französisch gelernt, er war mit einem großen Schiff über den Kanal gefahren und wie Vieh in einem Lastwagen zu dem Bauer in England gekarrt worden, wo er Englisch gelernt hatte.

Die Zeiten änderten sich schnell. Der Fortschritt war da, er war nicht zu bremsen. Der Andres hatte es miterlebt und just heute hatte ihn ein

Mann mit einem Automobil nach Benzin gefragt und an der Börse der Geldmetropole Frankfurt stiegen die Aktien von modernen Automobilfabriken unaufhaltsam in die Höhe.

Während sie in der Wirtschaft noch über den Mann lachten, der keine TRANK-Stelle für seinen Wagen ohne Pferde gefunden hatte, dachte Andres an all dies und beschloss, dass er außer den Kartoffeln vom Felde auch Benzin verkaufen wollte.
Er dachte an den Fortschritt, an die Zukunft seiner Familie und an Benzinverkauf für Autos.

Am Morgen des nächsten Tages fuhr Andres mit seinem Pferdewagen nach Würzburg und erkundigte sich bei einem Benzinverkäufer, wie auch er Benzin einkaufen könnte, das er in Üttingen weiterverkaufen wollte. Er wurde an eine große Firma verwiesen. Andreas begab sich dorthin und schilderte, wie er auf die Idee gekommen war, Benzin verkaufen zu wollen. Die Firma erkundigten sich nach der Lage in Üttingen, dann erklärtem sie dem Andreas das moderne Benzingeschäft für Automobile. Die Firma hieß Olex. Sie war eine der Vorläuferfirmen der Deutschen BP und sie gab dem Andres die Lizenz für eine Tankstelle für ihr Benzin und Petroleum. Die Benzinmarke von Olex hieß damals Olexin, das Öl hieß Olexol

Wenige Tage nach Andres' Besuch in Würzburg lieferte die Firma einen modernen Tank, der in die Erde kam und eine Pumpe, mit der Benzin gezapft werden konnte. Ab sofort gab es in Üttingen eine Zapfsäule. Die Tankstelle wo man Benzin und Petroleum kaufen konnte. An der Würzburger Straße. Üttingens erste moderne Tankstelle. Schon von weitem zu erkennen, am Markenzeichen von Olex, ein Schild mit Aufschrift „BP".

Das Betanken der Automobile war nicht schwer und nach und nach kam es immer öfter vor, dass ein Auto anhielt. Auch Marie konnte an der Tankstelle arbeiten, während Andres auf dem Feld war. Die Geschäfte liefen gut.

Doch Ende 1927, Anfang 1928 begann Marie an einer schweren Gelenkrheuma zu leiden, die immer heftiger wurde und so schlimm war, dass sie nur noch im Bett liegen konnte. Drei Kleinkinder waren zu versorgen, aber die Mutter war bettlägerig krank. Andres war verzweifelt und rief einen Arzt nach dem anderen, aber keiner konnte helfen. Andres wusste nicht mehr weiter. Aber wenn du denkst es geht nicht mehr, dann kommt von irgendwo ein Lichtlein her.

Eines Tages hielt ein Mann aus England mit seinem Auto an der Tankstelle und da bisher kein einziger Arzt etwas gegen das Gelenkrheuma seiner Marie unternehmen konnte, fragte Andres in seiner Not diesen fremden Mann aus England, ob er vielleicht ein Heilmittel kenne, das in Deutschland unbekannt sei.

Und siehe da, dieser Mann war vom lieben Gott persönlich geschickt. Er war ein Arzt. Er sah sich Marie an, ließ sich die Krankheit beschreiben und sagte zum Andres: „Only birth of another baby will get your wife up on her feet again."
„Nur die Geburt eines weiteren Kindes wird Ihre Frau wieder auf die Beine bringen".

So zeugte der Andres mit seiner Marie noch ein Kind, in der Hoffnung, dass die Schwangerschaft und die Geburt das Gelenkrheuma heilen würden. Marie konnte an dieses Wunder nicht glauben und weinte täglich, bis zur Geburt.

Am 20. Oktober 1929 gebar Marie ein Mädchen.

Es war überlieferte Sitte, dass Mütter nach der Geburt zehn Tage ruhen sollten, ehe sie aus dem Bett aufstanden. Am 30. Oktober stand Marie vom Bett auf und konnte wieder laufen, das Gelenkrheuma war schon fast verschwunden und auch danach ging es ihr immer besser. Auch das neugeborene Baby war gesund und gedieh in den nächsten Jahren immer prächtiger.

Das Mädchen, das sie geboren hatte, war für Andres und Marie das vierte Kind.
Sie nannten es Mathilde.

Sie ist die Erzählerin der Geschichten dieses Büchleins.

Ende

Epilog 1 - Zufall oder Schicksal?

So vieles war geschehen, das auf den ersten Blick zusammenhanglos erscheint und dennoch waren all diese Geschichten irgendwie bedeutungsvoll. Oder nicht?

Welch Zufall, dass Georg und die Goldmarie am gleichen Tage das Waldfest besuchten und welch Glück, dass ihre Eltern der Ehe zustimmten. Wessen Pech war es, dass die schöne Rosa den Andres verließ weil er zu arm war?

Glück im Unglück hatte das Andresle, als er sich den eigentlich tödlichen Typhus-Virus eingefangen hatte! Denn nur wegen des Erholungs-Urlaubes und dem Einsatz auf dem Feld mit den Prostituierten hatte er Zeit, Französisch zu lernen. Diese Fähigkeit wiederum rettete ihn später vorm Tod durch Erschießung.

Dann wurde er wie ein Sklave verschleppt nach England, seine Arbeitskraft ausgebeutet. Wieso musste ihm das passieren?

Warum führte der Weg zum Acker den Andres just in dem Moment an der Gaststätte vorbei, als der Postbote einen Brief aus Würzburg für Marie ablieferte? Warum gelang trotz widrigster Umstände der Einbruch ins Zimmer der Marie zum Zwecke der Verletzung des Postgeheimnisses? Wieso wurden diese beiden kriminellen Taten vom Wießner belohnt statt bestraft? War Marie, die Tochter der Goldmarie, nun eine Pechmarie oder war es im Sinne des Schicksals gut, dass Marie nicht den Hotelier zum Mann bekam sondern mit Andres verheiratet wurde?

War Maries Gelenkrheuma nur psychosomatisch bedingt und warum war die Geburt eines weiteren Kindes die Lösung des Problems? Wieso konnte der fremde englische Arzt dies so schnell erkennen und warum konnte Andres überhaupt Englisch mit ihm reden? Herr im Himmel, wer soll all diese Zusammenhänge erkennen können?

Wie dem auch sei. Wenn die Schicksalswege nur ein bisschen anders verlaufen wären, dann wäre Mathilde wohl nie geboren worden. Dann hätte sie nie den Herbert Greiner-Bechert kennen lernen können, und nie wären Ulrich und Lutz geboren worden, geschweige denn Conrad, Lisann, Noreen und Vincent, um nur vier von 31 Urenkeln des Andreas Triebig zu nennen.
Heute, fast 130 Jahre nach seiner Geburt, gibt es schon Ur-Ur-Ur-Enkel und es werden sicher noch viele kommen.

Epilog 2 – Gedanken des Autors.

Mein Name ist Ulrich Greiner-Bechert, ich bin der leibliche Sohn von Mathilde Greiner-Bechert, geborene Triebig. Ich bin ein Enkel von Andres und Marie Triebig und ein Urenkel vom Georg Wießner und seiner Goldmarie.

Ich wurde geboren 1957 in Frankfurt/Main, bin aufgewachsen in Darmstadt, lebe in Mannheim und kenne Üttingen nur als das kleine Dorf, das ich in den Schulferien besuchte.

Als Kind habe ich mit meinen Cousins und Cousinen die Ferien auf dem Bauernhof von Andres Triebig verbracht. Das waren herrliche Wochen in Üttingen. Ich war sogar mit meinem Opa Andres auf dem Acker und habe ihm bei der Kartoffelernte geholfen. Ich bin Traktor gefahren, habe den Hühnern im Hühnerstall die Eier gediebt und wir sind von einer Mauer in den Misthaufen, diese Mischung aus Stroh und Jauche, hineingesprungen, einfach so, weil es Spaß gemacht hat. Desinfiziermittel-Tüchlein kannten wir nicht.

Ich habe gelernt, was zu Ackerbau und Viehzucht gehört und gesehen, wo die Nahrung herkam, für die vor dem Essen gebetet wurde: Ich war Zeuge wie ein Hausschwein zwecks Schlachtung erschossen wurde, wie einem Kaninchen das Genick gebrochen und die Kehle durchgeschnitten wurde und wie Hähne, denen der Kopf mit der Axt abgehackt worden war, im Todeskampf kopflos über den Hof flatterten, bis sie verblutet waren. Tiere, denen wir Kinder einen

Namen gegeben hatten, obwohl sie vor unseren Augen geschlachtet und dann zum Essen serviert wurden.

So ist das Leben eben, so bekam ich es erklärt.

Die Marie, die Tochter vom Wießner, die Mutter meiner Mutter, die habe ich als Kind gesehen und natürlich nichts von ihrem Schicksal gewusst. Ich glaube, ich habe von meinem Opa Andres das Sprachtalent geerbt. Ich kann sehr schnell Fremdsprachen sprechen; vorausgesetzt, ich bin tatsächlich in dem fernen Land und verbringe gewisse Zeit mit den Menschen dieser Nation.

Ich war auf dem Waldfest und bin dort auf Stelzen gelaufen, wie das Andresle, der das auch im greisen Alter, als über 90jähriger noch konnte. Dieses Jahr werde ich nach vielen Jahren wieder hinfahren, zum Waldfest, nach dem Motto „Back to the Roots," zurück zu den Wurzeln.

Außer von meinen Eltern wurde ich erzogen von modernen, liberalen Lehrern, die mir auf hessischen Gymnasien in der Großstadt beibrachten, alles kritisch zu hinterfragen. Des weiteren waren die Jahre meines Heranwachsens geprägt von Medienberichten über Studenten-Demonstrationen und über die freie Liebe in Wohnkommunen der Hippies. Gegen verkrustete Gesellschaftsregeln protestierte die Jugend, machte Sitzstreiks und Rock-Konzerte. Make Love, Not War.

Ich war damals noch zu jung, um mitmachen zu können, aber die Kinder der ersten Geburtsjahrgänge nach dem zweiten Weltkrieg bezeichnet man heute als "die 68er" und in dieser Epoche und im Umfeld der Hippies wuchs ich auf.

Starre Traditionen sind seit dieser Zeit kein Grund, anders zu leben, als man es selbst, als Einzelperson, für richtig erachtet.

Wenn ich heute in der Zeitung lese, dass ein Mädchen in Schwierigkeit gekommen ist, weil sie sich gegen den Willen ihrer Familie weigerte, einen Mann zu heiraten, den sie nicht liebte, dann handelt es sich eigentlich immer um Meldungen aus dem Ausland, um Frauen aus Asien, Afrika oder um Frauen, deren Familien einer nicht-christlichen Religion angehören.

Ich dachte immer, dass es Zwangs-Ehen in Deutschland nicht gibt, außer bei den hier lebenden Ausländern. Die von Familienoberhäuptern arrangierte Verheiratung ihrer Töchter an Männer, die sie nicht lieben, habe ich stets verachtet.

Während ich die Geschichten aus der Zeit meiner Großväter für dieses Buch formulierte war ich sehr geschockt, als ich feststellen musste, dass Geld und Immobilien für meinen eigenen Ureltern wichtiger waren als das Seelenheil ihrer leiblichen Kinder.

Irgendwie hat dieses materielle Denken doch fast alle gehindert, ihr wahres Liebesglück zu finden.

Da gab es den Onkel, der nach USA auswandern musste, weil er die Tagelöhnerin nicht heiraten sollte. Rosa brach ihre Verlobung, weil ihr Bräutigam Opfer einer Erbschleicherei geworden war. Rettel durfte ihren Lehrer nicht heiraten, weil er keinen Grundbesitz hatte und Marie durfte ihren Hotelier nicht heiraten weil er kein Bauer war. Aber selbst wenn der Hotelier ausreichend vermögend gewesen wäre, hätte sie ihn nicht heiraten dürfen, weil sie evangelisch, er aber katholisch war.

Träumen wir nicht alle von wahrer Liebe und von einer Heirat mit einem Partner, den wir aus reinstem Herzen lieben?
Was sind unsere Ideale?

Ich heiße Ulrich Greiner-Bechert und bin ein Urenkel vom alten Wießner. Der war ein autoritärer Macho. Er hat seine Goldmarie und seine Kinder patriarchalisch herumkommandiert. Er hat die Fenster seiner Töchter vergittert, ihre Geliebten verjagt.

Wenn er seine Tochter Marie nicht an den Andreas Triebig verheiratet hätte, dann wären weder meine Mutter Mathilde noch ich selbst, je geboren worden.

Gottes Wege sind unergründlich.

Ulrich Greiner-Bechert

Epilog 3 – Gedanken von Mathilde

Mein lieber Sohn Ulrich!

Du beginnst dieses Buch mit Zitaten und deinen Worten: „Ich wäre durchgebrannt"

Was wäre gewesen, wenn Marie durchgebrannt wäre? Sie hätte den Hotelier geheiratet, hätte mit ihm in Würzburg gelebt. Während des zweiten Weltkrieges hätte sie bei jedem Fliegeralarm in den Keller flüchten müssen. Sie wäre vielleicht bei dem Bombenangriff auf Würzburg im März 1945 unter den Trümmern des Hotels umgekommen, zusammen mit ihrer Familie und mit Tausenden anderen unschuldigen Menschen in dieser Nacht. Dieses Schicksal hätte sie treffen können, wenn eine Liebesheirat Marie's Ideal gewesen wäre.

Marie wurde von ihrem Vater nicht zwangsverheiratet. Der alte Wießner hat seinen Töchtern zwar verboten, diesen oder jenen Mann zu heiraten, aber er hat keine gezwungen, einen zu heiraten, den sie nicht wollte. Mit anderen Worten: Marie hätte den Andres nicht heiraten müssen. Niemand hat sie gezwungen, auf dem Standesamt „ja" zu sagen und wie du selbst geschrieben hast: Bis zur Trauung wusste niemand, wie Marie sich entscheiden würde. Sie hätte „nein" sagen können.

Marie hat sich freiwillig für die Vernuftehe entschieden weil ihr Arbeitsplatz an dem sie bis zu ihrem 29sten Lebensjahr täglich stand, an ihre Schwägerin abgegeben werden musste.

Georg Wießner hat nach dem Tod der Goldmarie seine fünf Kinder als alleinerziehender Vater ins Leben geführt. Am Ende wusste er alle gut versorgt und freute sich über seine Enkel.

Lieber Ulrich, du fragst: „Träumen wir nicht alle von Liebesheiraten? Was sind unsere Ideale?"

Vielleicht hat Marie sich das auch gefragt, aber statt durchzubrennen schien ihr die Ehe mit Andres dann doch die bessere Alternative: Sie konnte in Üttingen bleiben, ihre Zukunft war gesichert, sie hatte den Segen des Vaters.

Heimat, Sicherheit und der Segen der Familie.

Sind das etwa keine Ideale?

Die Liebe kann auch wachsen:
Marie Triebig war im Ansehen der Dorfbewohner stets die stolze Wießner's Marie geblieben. Sie wurde eine glückliche Ehefrau, liebende Mutter und stolze Oma von 12 Enkel. Ihr Andres hat sie sehr geliebt und im Alter gepflegt. Die herzliche Verbundenheit mit ihren Geschwistern hat uns Kindern in Üttingen eine schöne Jugend geschenkt.

Ja, es war ein Engel, der da zum Andres sagte: „Du sollst ein Kind mit deiner Marie zeugen, dann wird sie wieder gesund."

Lieber Ulrich, du glaubst, die Krankheit von Marie sei psychosomatisch gewesen? Nun, Dr. Hamberger in Darmstadt, hat 40 Jahre danach bei einer Blutuntersuchung von mir festgestellt, dass ich eine schwere Gelenkrheumaerkrankung hinter mir habe. Lachend habe ich als 40jährige, immer hart arbeitende Frau, gesagt: „Ich hatte doch nie Gelenkrheuma!"

Die vermeintliche Fehldiagnose habe ich meinem Vater, dem Andres erzählt und da erst habe ich die Geschichte meiner Geburt erfahren. Das Kind im Mutterleib erleidet schon Krankheit, erlebt Freud und Leid der Mutter.

Ich durfte in meinem langen Leben von vielen Engeln hören, auch mehrere sehen und ein Stück Lebensweg mit ihnen gehen. Liebe Leser, jeder Mensch, der mit dir spricht, kann Dein Engel sein. Manchmal dürfen wir sie fühlen. Manchmal kommt die Erkenntnis, dass dies ein Engel war, zu spät. Ich hätte doch noch so gerne danke gesagt.

Und manchen Engel, der uns führt, erkennen wir gar nicht.

Lieber Ulrich, hier ist noch ein Zitat. Es ist von einem Mann, der ist selten in die Kirche gegangen, nämlich meist nur ein mal im Jahr zu Weihnachten. Aber er glaubte an die folgenden Worte:

„Lass dich vom Leben führen und suche den rechten Weg mit Gott. Wir können ihn nicht immer verstehen, aber wir vertrauen ihm."

Diese Worte sind von Herbert Greiner-Bechert, deinem Vater. Von dem Mann, mit dem ich eine Liebesheirat eingehen konnte. Auch diese Liebe ist aus einer langen, schönen Freundschaft gewachsen.

Gott sei Dank.

Mathilde Greiner-Bechert
geborene Triebig

PS.:
Liebe Leserinnen und Leser dieses Büchleins:

Wer kennt eigentlich wirklich die wahren Geschichten, wie unsere Eltern und Großeltern zueinander fanden? Kennen Sie, liebe Leser, die Geschichten Ihrer Familie, Ihrer Vorfahren?

Alles Erlebte, Erzählte, Gehörte, Notierte und vom Autor Ulrich Greiner-Bechert in diesem Büchlein Niedergeschriebene basiert auf Hörensagen und beinhaltet subjektive Empfindungen.

Nachwort von Peter Weyen

Wer baute das siebentorige Theben? In den Büchern stehen die Namen von Königen. Haben die Könige die Steine herbeigeschleppt? Oder Babylon – WER baute es so viele Male auf?

Bert Brecht

Es sind gerade die Geschichten der einfachen Menschen, die uns heute dokumentieren, wie unsere Altvorderen gelebt haben, welchen kirchlichen und bürgerlichen Sachzwängen sie unterworfen waren.

Sie lassen uns erahnen, dass es die „gute alte Zeit" genau genommen nie gegeben hat. Geschichten wie diese hier erinnern uns daran, dass Leben in Wirklichkeit Überleben bedeutet.

Immerhin sind wir in der Lage, unser heutiges Leben mit damals zu vergleichen. Was hat uns der Fortschritt denn wirklich gebracht? Mehr Freiheit oder mehr Abhängigkeit? Sind wir reicher geworden oder ärmer? Diese Dinge sollte jeder für sich beantworten. Leben wir selbstbestimmt oder ferngesteuert?

Ein guter Freund, den ich in Afrika traf, dann zur Fremdenlegion ging und heute längst nicht mehr lebt, brachte es einmal auf den Punkt:

„Ich wurde geboren, ohne dass ich es wollte und ich werde sterben, wenn ich es nicht will – so lasst mich doch wenigstens leben wie ich möchte!"

Ich gratuliere meinem Freund Ulrich Greiner-Bechert zu diesem Buch. Er hat damit der Liebe seiner Mutter ein Denkmal gesetzt.

Peter Weyen
Ahnenforscher

Aktuelles

Andres Triebig, geboren 1890 wurde 97 Jahre alt, er starb 1987.
Marie Triebig, 1891 geb. Wießner, lebte bis 1965.
Sie hatten 4 Kinder, 12 Enkel, 31 Urenkel.
Im Jahre 2009 waren es schon 6 Ur-Ur-Enkel.

Zahlreiche Nachfahren der Familien Wießner und Triebig leben noch heute in Üttingen.

1969 wurde die Gaststätte „Zum Goldenen Einhorn" Opfer eines Brandes. An ihrer Stelle steht nun ein Wohngebäude.

Die von Andres Triebig gegründete Tankstelle existiert noch heute. Sie ist inzwischen auf dem neuesten technischen Stand; ein Autohaus für Neu- und Gebrauchtwagen und eine moderne Werkstatt sind gleich nebenan.

Das Üttinger Waldfest findet noch immer jährlich am zweiten Wochenende des Monats Juli statt.

Weitere Informationen und Veranstaltungshinweise zu Üttingen finden Sie im Internet auf vielen Webseiten.

Glück im Unglück in Üttingen.
Ein Buch mit Geschichten, die zwischen 1880 und 1930 in Üttingen bei Würzburg geschahen.

Georg Wießner, der Wirtschaftsboss

Andreas Triebig, das Andresle